U0944589

THE ISLAND IN IMAGINATION AND EXPERIENCE

岛屿

孤独之地的梦幻之旅

BARRY SMITH

[英] 巴里·史密斯——著

何丹丹——译

江苏凤凰文艺出版社
JIANGSU PHOENIX LITERATURE AND ART PUBLISHING

图书在版编目（CIP）数据

岛屿：孤独之地的梦幻之旅 /（英）巴里·史密斯（Barry Smith）著；何丹丹译. -- 南京：江苏凤凰文艺出版社，2022.12

书名原文：The Island in Imagination and Experience

ISBN 978-7-5594-7183-3

Ⅰ. ①岛… Ⅱ. ①巴… ②何… Ⅲ. ①岛 - 介绍 - 世界 Ⅳ. ① K918.44

中国版本图书馆 CIP 数据核字（2022）第 173801 号

岛屿：孤独之地的梦幻之旅

（英）巴里·史密斯 著　　何丹丹 译

责任编辑　王昕宁
策划编辑　罗　盛　张　颖
特约编辑　连　慧
装帧设计　陈旭麟（okmake studio）
责任印制　刘　巍
出版发行　江苏凤凰文艺出版社
　　　　　南京市中央路 165号，邮编：210009
网　　址　http://www.jswenyi.com
印　　刷　北京联兴盛业印刷股份有限公司
开　　本　880毫米 ×1230毫米　1/32
印　　张　8.5
字　　数　160千字
版　　次　2022年 12月第 1版
印　　次　2022年 12月第 1次印刷
书　　号　ISBN 978-7-5594-7183-3
定　　价　69.80元

THE

L I F E,

AND STRANGE SURPRIZING

ADVENTURES

OF

ROBINSON CRUSOE,

OF *YORK*, MARINER:

Who lived eight and twenty Years all alone in an un-inhabited Island on the Coast of AMERICA, near the Mouth of the Great River of *Oroonoque*;

Having been cast on Shore by Shipwreck, wherein all the Men perished but himself.

With an ACCOUNT how he was at last as strangely deliver'd by PYRATES.

Written by Himself.

The Fourth Edition.

To which is added a Map of the World, in which is Delineated the Voyages of *ROBINSON CRUSOE.*

LONDON: Printed for W. TAYLOR at the *Ship* in *Pater-Noster-Row*. MDCCXIX.

《鲁滨孙漂流记》于 1719 年首次出版

《贝尔岛的岩石》克劳德·莫奈 1886

《海岸悬崖：小海滩、日出》古斯塔夫·库尔贝 1865

拿破仑在圣赫勒拿岛的故居

《来自大海的林茅斯》弗朗西斯 · 贝德福德 1860

《圣米歇尔山（岛）》蚀刻版画 阿克塞尔 · 赫尔曼 · 黑格 1882

目录

contents

第一章…………

与世隔绝，时间之外：岛屿及想象 001

第二章…………

克鲁索：海难者、流放者以及海滩流浪者 025

第三章…………

脆弱的地形 057

第四章…………

脆弱的经济学 085

第五章…………

政治依附和动荡 109

第六章…………

地理位置的绝对优势 123

第七章…………

“天堂”和“炼狱” 147

第八章…………

岛屿的精神特质 177

后　记 201

作者后记 213

致　谢 217

参考文献 221

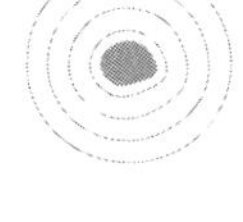

简介

在晴朗的夜空仰望银河，我尝试看向最远处的星星，发现这些星星忽明忽灭。想想一光年有多远——大约 9.5 万亿公里，再想想这些星星距离我们有多少光年呢？当我再遥望这些遥远的星星，才发觉这些数不胜数的星星不过是浩瀚宇宙中微乎其微的一部分。对于这些星星，我们所能发挥的想象力也微乎其微。

让我们再来看一个普通的地球仪，将它旋转到太平洋那面，你将会发现五十多万座岛屿。为了直观感受这一数字，你可以将地球仪转一百八十度，然后再转回来，顺着那一个个如小珍珠般散落在广阔大陆间的岛屿看去，那里面积辽阔，充满了想象的空间。这些小岛如星星那样分布，但并非是人类的想象力所不能及的。它们是实实在在的“小陆地”，小到我们的想象力刚好能触及。

仅仅是不列颠群岛，就有六千二百八十九座岛屿，这只是个大概的数字——我靠着耐心数完了它们。此外，在潮汐和洋流、河流和风的共同作用下，还有新的岛屿在形成，同时现有的岛屿也在消逝。

作为一个岛国原住民，我在埃塞克斯郡（Essex）度过了我的早年生活。我当时不知道，埃塞克斯郡的岛屿比英格兰其他郡的岛屿都要多，数量之多即使到今天也令我很惊讶。道格斯岛（Isle of Dogs）和坎维岛（Canvey Island）在我童年生活里至关重要，因为我父亲出生在道格拉斯附近，而坎维岛在1953年（那时我五岁）的时候发生了一场大洪水。然而，幼年的我只记得北海的洪水、伊丽莎白二世加冕以及人类首次登上珠穆朗玛峰，对真正的岛屿如坎维岛、福尔内斯岛（Foulness）、默西岛（Mersea）等并未有多少印象，这些岛屿被沙坪、浅水湾以及小溪流隔开在埃塞克斯郡的大陆部分之外。就连道格拉斯岛也未能点燃我幼时对岛屿的想象之光，它被改造成半岛，泰晤士河环绕其三面而过。

第一次点燃我想象力的岛屿冒险发生在被河环、沼泽包围着的陆地。在我还是小学生的时候，会在午休时溜出校园，跨过一片田地到森林里面。那里有一片湖水，在湖水的中心有一座岛屿，那是一片纯粹的自然之地，远比我们生活的地方绿意盎然。它与世隔绝，藏有众多待发掘的“宝藏”，只有我的哥哥有勇气带我去那里，除此之外没有人去过。这是属于我们的岛屿，但是我们既没有登陆也没有升起旗帜，怎么能说它是我们的呢？

冬天像往常一样短暂，总让人充满遗憾，而那年冬天却并未扫大家的兴，因为湖水结冰了。我们并没有立刻冲到冰上，虽然我们确实想这么做，但之前父母告诉我们那样做危险。于是，我们小心翼翼地从湖岸下去，踮着脚小心地走几步，然后又踮着脚回来，就这样来来回回，我们也越来越大胆。我们不停地蹲下试探冰层是不是够结实，就这样走出了几米远。我们在朝岛屿走去的过程中一不留神就会滑倒。我们本可以到那边的，岛屿的秘密即将揭开！但冰层破裂的声音在森林间回荡，我感觉自己下陷了几厘米，脑海中立刻浮现出一种不祥的想法——再迈出一步，可能会要了我们的命。这种恐惧让我不能动弹。不知过了多久，远处的下课铃声突然响起，要知道，下午上课迟到更加令人害怕，我们便在冰面上匍匐前行到岸边，慌不择路地在丛林最深处摸索着前进。我们终于走出来了，自由轻松地奔向远处的教学楼。

我惊慌害怕，浑身脏兮兮的，身上还有划痕，眼泪也流了出来，但绝不是因为害怕而流泪，也不是因为一会儿老师会质问我而流泪。我哭泣是因为我知道曾经近在咫尺的岛屿的秘密再也不会被揭开了。确实如此，五十年之后，那段岛屿冒险令我念念不忘，至今还有遗憾。过去这些年，我终于抓住了机会，去了地球上人迹罕至的岛屿，一年又一年地探索着苏格兰的赫布里底群岛（Hebrides），环绕外赫布里底群岛（Outer Hebrides）划独木舟。大学期间，我还曾往返地中海，攀登活火山，航行至西印度格林纳丁斯的一座小岛；划独木舟去了威尔士的岛屿，沿着达尔马提亚型海岸（Dalmatian，前南斯拉夫海岸）划行；远航到了阿拉斯加东南方的火地岛（Tierra del Fuego）的南部群岛；航行穿过英国哥伦比亚沿岸水域。

但是我仍然想要去往儿时召唤我的那个岛屿，那个引诱我穿过冰湖的岛屿。也许只有重新回到那座岛屿，我才愿意不再奔波，熄灭心中对岛屿的热情与渴望。但追溯一个人的生命之旅远比来时的旅途要危险得多，尤其是对我来说，对岛屿的热爱是我最难以平复的一种冲动。最终，我也未能凭借脑海里对那座岛屿的印象，找到当年那座岛屿。五十多年过去了，那里杂草丛生，不再有灌木丛，不再有湖水，葱绿的岛屿也不复存在。那里已经城市化了，一座大型地区医院拔地而起，周围其他的基础设施也都建立起来了。

过去的经历让我念念不忘，促使我去探索依然在想象深处鲜活的小岛，去经历岛屿冒险。我学校周围的岛屿隐藏着秘密，仿佛只要登上那些小岛，秘密就会昭然若揭。即使那些小岛距我只有咫尺之遥，却依然让人感觉不可触碰，难以抵达。那是我的岛屿，它们也许像我一样脆弱，生命短暂，如同其他岛屿一样。

一般情况下，人们认为参观岛屿只需走马观花即可，一天之内完全可以探索完岛屿的各个角落，这就算对这座岛熟知了。岛屿人迹罕至、与世隔绝的特征，能让探索的人很快成为这个领域的大师。

有忏悔者为了逃离世界的诱惑来到岛屿上，也有罪犯因未能抵抗诱惑而被流放至此。后者大多数是海难者以及流放者，他们不得不忍受岛屿的孤独；前者是航海时代追随鲁滨孙·克鲁索的漂流者，当然，这部分人只占少数。小岛拥有这样一种魔力：有些人会在岛屿上发现曾经消失的乐园，有些人的梦想能够在此实现，这里还是所有或新鲜、或邪恶的想法的试验场，这些在大陆有时是无法实现的。

我们就要在这些形形色色的想法中探索岛屿，尝试发掘那些想象与实际大相径庭的部分，顺着这条道路，我们就能体会岛屿对人类长久的吸引力。

第一章 与世隔绝，时间之外：岛屿及想象

据我所知，全世界共有五十多万个岛屿，大部分面积较小，不把澳大利亚和格陵兰岛（Greenland）这两个大陆岛算在内，岛屿占全球陆地面积超过百分之五。太平洋地区约有两万三千个岛屿，其中土阿莫土群岛（Tuamotu）的海域面积就相当于一个西欧。

大部分岛屿呈链状分布，岛与岛之间还有广大的区域，特别是在南大西洋的高纬度地区以及太平洋的南部和东南部，那里的岛群彼此独立。十六世纪早期，第一个踏入太平洋的欧洲人斐迪南·麦哲伦从合恩角出发，航行了约 20922 公里到达菲律宾，只途经了两个岛屿，鉴于漫长旅途中的各种磨难，他将那两个岛屿命名为“不幸之岛”。

我对小岛兴趣十足，但是对“小”的定义并不严格。经济学家为了方便分析岛屿发展的问题，在定义“小”上留足了空间，只要大小介于瑙鲁岛（Nauru，21 平方公里）和古巴岛（Cuba，110000 平方公里）之间的岛都可以称为小岛。一位岛屿爱好者则这样界定岛屿的“小”，即被一块海域包围的陆地。我的观点介于这两种说法之间，我的“小”结合了岛屿爱好者的定义，以及经济学家所提到的瑙鲁岛的大小。就像计量距离和准确度一样，界定“小”也是需要语境的，是相对的。我想象中和探索过的岛屿的大小就是基于这种计量方式。[1]

我笔下的岛屿偏小，它们通常连成一大片，占据大面积的水域，离大陆也很远，这些岛屿特征也是人们常见的。科学的探究便于人们合理归纳岛屿与岛屿之间、岛屿与大陆之间的关系。但是如何阐释这些特点并赋予其意义，则取决于观察者所在的文化、社会以及经济环境。因此，这些岛屿特征并非常识。在阐释地貌时，我们会从共同的文化记忆、个人经验以及想象出发，呈现出同一风景的不同侧面。[2]

和大陆或者一些大岛屿相比，岛屿离我们的距离很遥远，这种远是客观的，而岛屿给人与世隔绝的感觉则是主观的。要知道，浅浅的水道也可以有效地隔绝岛屿，因为只要四周有水域，就能让人从心里觉得岛屿“与世隔绝”。如果不信，只要看一下纽约群岛就够了。纽约群岛包括纽约长岛（Long Island）、曼哈顿岛（Manhattan Island）、斯塔滕岛（Staten Island）等。纽约群岛大约有四十个岛屿，在大部分岛屿上都可以清晰地眺望到大陆，但是从历史来看，这些小岛几乎不受陆地的影响。位于东河（the East River）之上的罗斯福小岛（Roosevelt Island）在繁华的皇后区和曼哈顿区中间，两区仅有 200 米之隔，但是罗斯福岛通常是避难所、工厂、监狱、天花治疗院的所在地，这给人一种与世隔绝之感。

岛屿的孤立使得群岛透露出一种强烈的与世隔绝的氛围，这也使得一些在大陆上难以进行的活动被转移到岛屿上。

这样的例子比比皆是：里克斯岛（Rikers Island）曾经是军事训练基地、工厂、垃圾场，现在则是人尽皆知的里克斯监狱。哈特岛（Hart Island）曾被用于军事训练，也是黄热病的隔离场所、青少年教养所、德国战犯羁押所、导弹发射基地、戒毒所，目前则是一座公墓，埋葬着八万五千个无法支付墓葬费用的穷苦之人。北兄弟岛（North Brother Island）是世界上人口最为密集的地区之一，也被称作“纽约市最后一处不为人知的地方”，岛上有一座用于隔离感染疾病患者的大型医院，还有一处青少年戒毒中心。南兄弟岛（South Brother Island）则是纽约市十九世纪中期的第一个垃圾场，并由此为人们所知。爱丽丝岛（Ellis Island）曾长达六十年被用于移民审查。由于需要隔离疑似传染病患者，两座曾被当作垃圾场的孤岛派上用场——霍夫曼岛（Hoffman Island）和斯威本岛（Swinburne Island）。兰德尔岛（Randalls Island）和沃兹岛（Wards Island）多年被当作精神病院、医院以及公墓的代名词。拉特岛（Rat Island）虽然只有 10000 平方米，且易因暴雨产生春潮，但在十九世纪依然是伤寒医院的所在地，仅能容纳四十人。[3]

单从构成层面上来说，岛屿是在地质变化的过程中形成的。人们认为岛屿是神秘的、快乐的、凄凉的、与世隔绝的、迷人的、危险的……那是因为人们将人类的感情赋予了岛屿。岛屿本身并不存在快乐和悲伤，只有经过人类的想象，岛屿才能带来快乐、悲伤或者悲喜交加。

岛屿起先只存在于传说中，直到水手们发现它们并将其称为“新大陆”，岛屿才进入了航海民族的探索范围内。一艘船在航行途中可能乘着远处吹来的清风到达陆地，也可能因遭遇暴风雨而撞击到岩石，这时岛屿可以成为遇难船只的避难所，但人们也可能在岛上遇到火山爆发。因此，我们的水手会遭遇到的是现实世界中的“伊甸园”或者“地狱”。同样，岛屿也可以存在于我们的想象之中。

岛屿的遗世独立似乎让作家也失声了，除非他们能挖掘出岛屿背后的意义。比如罗卡尔岛（Rockall）被认为是“地球表面的大洋里最小的石头……最与世隔绝的一块岩石，被水包围着”；圣基尔达（St Kilda）是“英国最孤独的护卫”，有着“全欧洲最震撼的岩石地貌”；北罗纳岛（North Rona）是“苏格兰最荒凉的岛屿之一——低矮不平的岩石被波涛汹涌的大海包围”；希恩特群岛（Shiants）是“绝望的海洋中光明的存在，是对抗无尽黑暗的一丝亮光”。[4]

在不列颠群岛之外，1963 年，南大西洋的人口曾短暂地撤离了特里斯坦－达库尼亚群岛（Tristan da Cunha），该岛被认为是“地球上最与世隔绝（如果报告是真的）、最幸福、最和谐的居住地，实际上它就是大海中的乌托邦”。太平洋的马绍尔群岛（Marshall Islands）中的纳姆岛（Nam）被作家称为“因荒凉而贫瘠的小岛，让人不禁想到如果这不是最孤独的地方，那么还有哪里会是”。复活节岛（Easter Island）位于太平洋的东南方向，在智利的作家中流传着一句古老的话：“世界上最人迹罕至的岛屿……淹没在广阔的太平洋之中。”无人居住的布韦岛（Bouvet Island）位于南大西洋，位于开普敦西南方 2000 公里处，离任何陆地都有 1600 公里，雷蒙德·拉姆齐称其为“地球上最远的地方”。[5]

这些岛屿是“迷失的孩子，游荡的星星；在海角的浪花中呼唤，夜幕下响起塞壬温柔的歌声，在黑暗中探索，陆地逐渐消失的曲线忽明忽暗，令人眼花缭乱，它在不停呼唤、呼唤”。[6]这些岛屿给人瑰丽的想象，于一些人而言，爱岛癖（islomania）就是一种折磨。牛津字典将爱岛癖解释为对岛屿的激情和疯狂，然而劳伦斯·达雷尔将其定义为“一些人患有一种罕见但是绝非不为人所知的精神疾病，他们对岛屿没有任何抵抗力。只要处在被海域包围的小世界里，就令他们极度兴奋。这些天生的‘岛屿爱好者’是亚特兰蒂斯人的后裔，他们潜意识里一直渴望找到亚特兰蒂斯”。[7]

大卫·康纳在他的小说中描述了英国哥伦比亚上的小岛，他对自己对岛屿的热爱进行了诗意且实际的描绘：“对岛屿的爱流淌在我的血液里。比起吃吃喝喝，我更想谈论岛屿；比起睡觉，我更牵挂岛屿，我在生活中也确实是这么做的。残缺不全的堡礁都让我觉得神圣不已。”对于康纳而言，岛屿的大小是重要的。他根据岛屿在他心中唤起的情感的强烈程度来定义岛的大小："能够一览无余地看到每一个小海湾、冷杉、幽谷，那么这就是小，这足够让人知道，在这个神圣的地方，每到春天，每一朵杓兰、百合都充满生机。"[8]

文学中的岛屿

人类对岛屿的迷恋有着悠久的历史，水手们发现岛屿的故事已经口口相传了几百年。公元前 2000 年，埃及的莎草纸上记录了一则传说，这份记录为后来这一题材的作品提供了范式：水手们航行，然后遭遇海难，幸存者被冲到了一个无人知晓的小岛上，然后讲述这个故事。人们对地中海周围的地理有一些了解，再加上关于赫拉克勒斯之柱（直布罗陀海峡）的神话故事，使得那片岛屿成了由地理和神话织就的半虚构的岛。

就让我们从荷马的《奥德赛》（公元前九世纪）开始梳理，那是一部按照时间顺序记录岛屿的文学作品。《奥德赛》的故事发生在小岛上，小岛也是讲述的媒介。柏拉图（公元前四世纪）将亚特兰蒂斯的毁灭追溯到 11000 年前；欧埃梅洛斯（公元前四世纪末至三世纪初）和扬布罗斯（公元前三世纪）分别描述了阿拉伯海以及印度洋里的岛屿"乌托邦"以及理想的岛屿联邦；直到西库鲁斯（公元前一世纪）描写"天涯海角"（这个地方可能距离奥克尼群岛有六天的航程），有关岛屿的地理知识仍然混合着众多神话和幻想的元素。

希腊修辞学家和讽刺诗人琉善（Lucian）发现这一问题，于是在公元二世纪写下了备受争议的《一个真实的故事》（*A True Story*），在前言中便责备当代人无法分清现实和虚幻。但讽刺的是，他自己关于亚特兰蒂斯岛的叙述就充满了大量的想象。在书中，卡索萨岛是一座满是芝士的白色岛屿；狄奥尼索斯长满了葡萄；登上梦岛是非常困难的，因为它在不停地消失，岛屿上的果实长达5米，并且被制成船只；埃丕群岛弥漫着人肉烧焦的味道，到处都是哭泣声和哀号声，令人不悦。

同样在公元二世纪，亚历山大的天文学家和地理学家托勒密（Claudius Ptolemaeus，公元73至151年）认为岛屿具有磁性，吸引着船只靠向它们。如果考虑到对洋流和潮汐的重要作用（但当时的人们对其一知半解），那么岛屿磁力的危险性在航海发现中成为一个重要主题也就不足为奇了。[9]

在六世纪，圣·布伦丹（Sanit Brendan）按照传统航线行至异域岛屿，见到了奇特的景色和有异域风情的居民，并在九世纪的《航行》（*Navigatio*）一书中记录了这个现象，该书是凯尔特传说中的“庇佑之岛”的灵感来源，这在后面的章节中会详细阐述。《航行》向我们展示了一些极具异域特色的岛屿，大西洋在他的笔下充满了巨蚁、红猪、会消失的女人、长满毛发的男人，还有恶灵之马比赛、动物吞噬彼此、鱼从天空坠落、唱诗班围绕着火焰等场景。[10]

这些生动的描述令人们感到惊讶，以至于六百年后，到大西洋这个“巨大的绿色忧郁之海”的冒险行为仍被认为疯癫至极。在十二世纪上半叶，地理学家伊得里斯（Idrisi）认为，大西洋就是人类可居住之地的最终界线，此外的世界都是未知的：“没有人能够确认这一切，因为航行太困难、太危险。大西洋变幻莫测，大海深不见底，风雨交加，海鱼身形巨大，风急浪高，令人恐惧。”他断定，“里面有很多岛屿，一些有人居住，另一些则荒无人烟。没有哪个水手敢进入深水区域，只敢沿着海岸线战战兢兢地离开岸边。”[11] 他接着描述了女魔鬼岛、幻想岛、两个足球员岛、哀叹岛。其中哀叹岛土地肥沃，但是被一条恶龙掌控着；两个海盗居住在两个异教徒岛上，最后他们变成石头；可尔汗岛的居民则是兽首人身。[12]

十四世纪，《曼德维尔游记》（*The Travels of Sir John Mandeville*）是一本广为流传的地理著作。其中一部分讲述的是耶路撒冷，我们现在所了解的耶路撒冷就是建立在历史与曼德维尔的想象上的。小说中，在太平洋的卡佛洛斯小岛上，当地居民首要关心的是友谊；牛奶岛上的人则是以打架、杀人、喝人血为乐的食人族；在印度洋一个叫加纳的岛屿上，信仰众多，在信仰岛上人们虔诚地按照戒律生活。[13]

十六世纪早期，一大批关于无名岛的出版物问世，最为著名的就是1508年和1538年出版的刊物。刊物中描述了在爱琴海（Aegean）的恶魔岛上，巨人们尊敬恶魔；魔法少女岛上居住着一名希腊魔法师的女儿，这个魔法师奴役着参观者；摩根纳扎岛是不受欢迎的巨人法蒙马丹的栖息地；远离布列塔尼（Brittany）的红塔上矗立着奇特的石塔，石塔是将圣杯带到英格兰的人发现的；帕斯特莫尔则被满是各种派的烤炉包围。

作者认为他们可以通过讲述之前不为人知的小岛来延伸读者的想象力。人们普遍认为岛屿上的传说有可信度，而这种可信度为针砭时弊提供了肥沃的土壤。因此，弗朗索瓦·拉伯雷（Francois Rabelais）将岛屿作为讽刺社会的切入点，夸大特定的现象，以获得戏剧效果。在他的笔下，岛屿上的人物是畸形的：近亲结婚，贪婪，靠风生活，抽打自己以减掉脂肪，嗜酒如命，过着沽名钓誉的隐士生活。在这里，岛屿成为一个舞台，在这个有限的空间里作者会缩小或者放大一些现象，同时也会强化、曲解某一事件，比现实生活夸张。[14]

和拉伯雷一样，乔纳森·斯威夫特（Jonathan Swift）承认岛屿具有展现人类刻板行为的潜力。1726 年出版的《格列佛游记》（*Gulliver's Travels*）是一本冒险故事书，作者通过小人国、大人国、天马国以及飞岛国传达了自己的思想，也抨击了英国政党并且促成了一些科学成就。斯威夫特嘲讽了人类自身的骄傲和自满，讽刺了神话传说将想象当作事实的潮流，1719 年《鲁滨孙漂流记》（*Robinson Crusoe*）的出版进一步推动了这一潮流。

莱缪尔·格列佛的第一次旅行就遇到了海难，漂到了小人国。在小人国里最高的人也只有 15 厘米。这个岛屿就是一个王国，国内两党争权，国外又受邻国布勒福斯克的威胁。政客们极力证明他们思维敏捷，完全能够满足皇帝的需求。

在第三次旅行时，格列佛被海盗抓住并捆绑在小船上漂流。这次他到了一个名为勒皮他的飞岛，岛上的居民发现并且救下了他。勒皮他岛上有一群奇怪的科学家、哲学家和数学家，他们完全沉浸在理论研究上，只有女人、商人以及法律文稿能够合理地解答格列佛的问题。

格列佛离开勒皮他，乘船去了格勒大锥岛，岛上全是男巫和魔法师，岛屿的统治者能够召唤死者服侍他。接着他又出发去了拉格奈格，在那里他发现一些居民能够永生。但当格列佛发现这些永生之人遭受时间的摧残之后，便对永生失去了兴趣。这些人在第一世纪末时，就开始毛发脱落、牙齿松动、智力退化，但他们依然要生活很久。

在最后一段旅行中，多灾多难的格列佛被流放到了慧骃岛。在这个岛上，马匹智慧、理性、沉默，它们将下等生物人形兽（类似于原始人）

当作驼重物的牲畜。慧骃国的宗旨是培养理性，在这里，“观点”并不能被理解，社会中没有犯罪、贪婪以及残忍。[15]

人类的本性实际上是改变的，四百年后，书中这些怪诞的描述仍然是现代社会讽刺的焦点。像拉伯雷十六世纪的作品一样，怪异的人和事物都有一定的可信度，因为人们总是能在新发现的岛屿上发现不同寻常的事物。只能靠冒险才能到达的与世隔绝的小岛，为现实世界提供了更多想象的空间。作为文学手段，岛屿为读者在寻常和非凡之间提供了一种岌岌可危的平衡。

十七世纪末，对岛屿发现之旅的描述逐渐变得科学了。与此同时，更多的小说诞生了，1719 年丹尼尔·笛福（Daniel Defoe）的《鲁滨孙漂流记》完全改变了人们对岛屿的态度（具体见第二章节）。随着小说和短故事的产生，遥远的小岛成为公众想象力的焦点。约翰·鲍曼（John Bowman）梳理了岛屿小说和短故事中六种常见的主题——奇妙的岛屿、超自然地点、粉色冒险、人类、原始自然以及浓缩的现实世界。[16]

“奇妙的岛屿”满足了人们的想象：在某一地方存在着一个令人兴奋的岛屿，每天都有稀奇古怪的事情发生。这些岛屿通常距离人类社会很遥远，是一些人发展事业的“乌托邦”，是奇异生物和超自然现象的发生地，可以融合现实、想象和讽刺。这些故事根植于早年的口头传说，是对知识匮乏的世界的探索。十九世纪末则流行起一个乌托邦主题——消失的大陆亚特兰蒂斯。

偏僻隔绝的环境能够引起人们对超自然事件的联想，以“超自然地点”为原型的岛屿故事便利用了这个观念。亚瑟·柯南·道尔（Arthur Conan Doyle）的短篇故事集《筒中的恶魔》（*The Fiend of the Cooperage*）就是很好的例证。

“粉色冒险”也是岛屿题材的常客，岛上的人会从文明的束缚中解脱出来，暴露出令人质疑的“阴暗面”。斯蒂文森（R. L. Stevenson）的《金银岛》（*Treasure Island*）就是一个例子，赫伯特·乔治·威尔斯（H. G. Wells）的《莫洛博士岛》（*The Island of Doctor Moreau*）也可以证明。在《莫洛博士岛》里，远离大陆的博士岛被改造成探索人类特征的天然实验室，在严格的社会管控（岛屿的与世隔绝为其提供了可能性）下进行残忍的实验，以取得人类“更纯净模式”。

鲍曼对“只有人的岛屿”的分类与“荒岛文学”有着共同的特征，文学中海难的幸存者通常漂到了遥远、无人居住的荒岛之上，那儿没有贸易船只经过，短期内也没有被营救的可能。岛屿并不是废弃之地，它有丰富的自然资源供幸存者使用，而且通常有一些船只残骸可以使用。除了挣扎求生，人们还要忍受身体和精神的痛苦，孤独的幸存者会反思之前犯下的罪恶，认为正是那些罪恶导致他流落荒岛。

岛屿的恶劣环境放大了“囚禁”生活的痛苦，让海难者成为无法反抗自身命运的看客。小泉八云（Lafcadio Hearn）的短篇小说《契塔》（*Chita: A Memory of Last Island*）的背景就是一座遭受重创的小岛；汤姆·尼尔（Tom Neale）和罗伯特·迪恩·弗里斯比（Robert Dean Frisbie）在自传中，描述了在岛上从一场飓风中死里逃生的故事。这些书是这种题材的例证，我将在第二章详细讨论。

最后，鲍曼的“浓缩的现实”这一故事反映了一个事实：岛屿可以被用来探索人类的方方面面，因为没人能从一个狭小、隔绝的岛屿上逃离，这里可以让人重新冷静。岛屿上的事物一旦运行起来就难以停止、转变或者逃离。

在文学作品中，在表现浓缩的现实时，岛屿起着决定性作用，这种作品俯拾即是：笛福的《鲁滨孙漂流记》探讨了自我救赎；威尔斯的《莫洛博士岛》探讨了如何完善人类自身；维多利亚·希斯洛普（Victoria Hislop）的《岛》（*The Island*）探讨了如何处置麻风病人，如何应对发现的传染病；威廉·戈尔丁（William Golding）的《蝇王》（*Lord of the Flies*）探讨了人性的真实面，以及《品彻·马丁》（*Pincher Martin*）探讨了隔离、身份丢失、丧失理智、炼狱、诅咒；T·C·博伊尔（T. C. Boyle）的《杀戮结束后》（*When the Killing' s Done*）探讨了控制外来物种下的动物权利；大卫·范恩（David Vann）的《记忆冰封的岛屿》（*Caribou Island*）探讨了关系破坏后的残局；戴维·伽特森（David Guterson）的《雪落香杉树》（*Snow Falling on Cedars*）探讨了战争以及战争的后果加剧了种族偏见；戴维·赫伯特·劳伦斯（D. H. Lawrence）的《爱岛之人》（*The Man who Loved Islands*）探讨了人类的傲慢；乔治·麦卡伊·布朗（George Mackay Brown）的《格列佛》（*Greenvoe*）探讨了利用军事主义摧毁文化；约瑟夫·康拉德（Joseph Conrad）的《胜利》（*Victory*）以及《海岛上的无家可归者》（*An Outcast of the Islands*）探讨了流放主题；尼尔·比森达斯（Neil Bissoondath）的《任意的残忍》（*A Casual Brutality*）探讨了政治腐败问题。当中的一些属于高雅文学。它们的共同特征是，所有事情都发生在岛屿上，这是影射大陆的一种有效手段。

作者热衷于将岛屿作为舞台，因为这样可以轻易地让读者处在信与不信之间。在岛屿现存的历史中，很容易找到这样具有模糊性的故事。有的岛与世隔绝，有的岛则被人发现而广为流传，使得一些岛屿被发现、消失以及被重新发现。比如，在八世纪，夏威夷岛以及之后的夏威夷人都与世隔绝、不为人所知，直到 1778 年库克到达夏威夷，才使其重新为人所知。类似的，早在公元前人们就发现了加那利群岛（Canary Islands），当时还叫作幸运群岛，但后来直到十世纪才有人造访。亚速尔群岛可能也有过这样的时期。人们总是认为，在岛消失与被发现的期间，岛上一定充斥着不为人所知的神话、传说以及旅行者的故事。[17]

在爱尔兰神话中，向西航行被认为是通往“应许之地”的道路。在六世纪，布伦丹航行之前爱尔兰文学就有了异界流派（Immrama），其特征是去未知的西方世界探寻圣迹。这些故事在中世纪的流行程度相当于亚瑟王传说，并且为布伦丹航行后（545 至 551 年左右）所著的《航行》奠定了基础，该书被认为是集航行纪实、神话故事、神秘冒险为一体的小说。因此，布伦丹曾到过圣基尔达、法罗群岛（Farow Islands）、冰岛、纽芬兰、巴哈马群岛甚至佛罗里达群岛，也就不足为奇了。

在诸多对大西洋岛屿的想象中，异界也是其中之一。例如，《布兰群岛之旅》（*The Voyage of Bran*）中描述了一百五十个西方岛屿，总面积比爱尔兰还大。随着人们对沿海水域有了更多了解，人类用想象力编造的神话传说，内容也更多地变成描述遥远的西方海域。人们可以在一系列中世纪地图中找到圣布朗岛（St Brendan）的踪迹，这些踪迹的版图越来越大，直到成为世界的一部分。在哥伦布之前就有爱尔兰人登陆美洲大陆的争论也逐渐兴起。

庇佑之岛残存的遗迹可以在一座特别的岛屿上寻找到。“巴西”在爱尔兰的盖尔语中是“保佑”的意思，所以“庇佑之岛”又被写作“巴西岛”。它横跨爱尔兰西海岸和亚速尔群岛（Azores）直到圣·劳伦斯湾（Gulg of St Lawrence），于 1481 年被两艘来自英国布里斯托的船只发现，船员差点登上了今天的纽芬兰。直到十九世纪下半叶，巴西岛还只存在于英国海军部地图制作者的脑海中，当时虽然面积变小了，但仍然在地图上。[18]斯奥茶恩（Conchur O' Siochain）是一名严肃的学者，是凯尔特传统的提倡者。他查阅了与巴西相关的所有考古、历史、地理以及气候学信息，他认为，巴西以及阿兰群岛（Aran Islands）在两千两百五十年前下沉至大西洋的某块大陆。每隔七年，岛屿就会远离阿兰群岛的西海岸，他认为"这是自然、超自然或者其他因素作用下产生的少见的情形。我们对此无法了解"。[19]为了证实他的想法，他考察了十九世纪至今的资料，描述了水手们遇见巴西时的情形。

另一位凯尔特学者韦斯特罗普（T.J.Westropp）声称自己在1868年到1872年曾三次清晰地看到一座岛屿，岛上有山、树木、塔以及烟雾。他说自己确实看到了真实存在的岛屿，而塞缪尔·艾略特·莫里森（Samuel Eliot Morison）认为情况不是这样的，从而引起争论。[20]

这并不是学术之争。人们很容易认为斯奥茶恩的观点不具有科学性，韦斯特罗普的描述很模糊，莫里森的解释粗枝大叶。但是这种混乱历来如此，庇佑之岛的真实性即使在二十世纪也无法确定。皮格·赛耶斯（Pieg Sayers）的自传于1936年以爱尔兰语出版，书中描述了他在大布拉斯基特岛（Great Blasket Island）上的生活，当地居民认为庇佑之岛真实存在。书中两个年轻人的对话可以印证：

"赛恩，看，北边出现了庇佑之岛！"

"哪里呢？你这个恶魔。"赛恩被诅咒会被烧死，因而被称为恶魔。"不要这样，夏日的午后，那里真是赏心悦目。"他说，"看到的人都会认为那是一块神奇的土地。"

"是的，"我说，"我经常听到伊赫利斯·什恩说她在秋天摘荆豆的时候看到过庇佑之岛，每晚它都出现在那里。"[21]

几百年来，在探寻庇佑之岛的同时，其现实意义以及象征意义以一种微妙、共生的关系存在，其中一个原因就是现世天堂的影响，这个概念有着普世的吸引力，似乎镶嵌在我们的灵魂之上。“就在那，在‘岛屿之上’，在‘天堂’里，生存超越了时空之外。男人幸福快乐，自由自在，不用为了生存而工作；女人们年轻，永远美丽，再没有‘法律’约束她们的爱……地理知识可能会打破现世天堂的谎言……但是每个人只看到他想看到的。”[22]

关于“只看到他想看到的”观点，我们会在之后的章节更加详细地讨论——我们对“天堂”的想象会影响到我们对太平洋以及加勒比岛屿的想象。但是在此之前，我们要问一问，为什么在探索未知海域时，旅行者、商人、政客以及地图绘制员会尽力区分现实以及想象中的岛屿，并且致力于“难以遏制地创造岛屿……人类的想象力怪癖”。[23]

想象中的岛屿

水手们所描述的那些位置不确定的岛屿，就是后来地图上的“漂浮岛屿”，造成位置的不确定性主要有三个原因：技术问题，即从技术上很难定位岛屿的位置；既得利益，即一些商家能从错误的定位中获得利益；第三点也是最重要的一点，与人类的想象力有关。

十六世纪之前，航行者很少需要准确的定位。那时候的旅程相对较短，多数船只能航行几小时，很少有长达数月的航行。水手们大多凭借视觉记忆来判断大陆的形状和细节，判断海域的特性。他们使用的导航书籍非常原始，只利用测垂绳确定海洋深度以及水下状况，使用罗盘、沙漏来确定时间。十六世纪中叶，水手们仍然不知道磁场变化的规律。因而，当他们向西航行时，设定好的罗盘会逐渐指示他们向南方行驶，原本是去纽芬兰的船可能最后会停靠在中美洲沿岸。除此之外，直到十七世纪，人们对洋流的基本认识仍然相当原始。洋流的方向、强度、范围以及季节变化仍不为人所知。但是人们可以在一天之内航行约 48 公里——在岛屿稀少的环境下，这一距离很了不起，而且即使航行稳定，登陆仍然需要费一些力气。

希帕克（Hipparchus，公元前 167 至 127 年）将地球划分为由竖线组成的相等大小的环形圆圈，托勒密规定两根经线之间的距离是十五度。曾经有一个航行者通过观察太阳或北极星等天体，到达了预定的经度，然后他设定向东或者向西航行，并且没有偏航。这就是“经线航行”，即通过观察天体修正航线。但是这种做法在当时一度被认为是低效、失败的。

虽然环球航行是人类航海史上的一大壮举，但是直到十九世纪，如何准确地确定经度仍然困扰着人们。航行表的出现解决了这一问题，此前，船只定位是航行中的头等问题。

1530 年，弗兰德的数学家兼地理学家赫马·福里修斯（Gemma Frisius）基于时间提出一种测量经度的方法，但是直到一种准确的钟表——航行表于 1762 年由约翰·哈里森（John Harrison）设计出来，该原理才被付诸实践。著名的第四航行表测量了航行至西印度的航程，误差不超过五秒钟，但是直到十九世纪，该表的生产成本才被缩减到普通人能买得起的价位。1787 年的一件事可以证明航行表的金贵，当时有一批满载罪犯的船被送往植物学湾，十一艘中只有一艘装有航行表（也许船主人并不在意有多少犯人被送往植物学湾）！[24]

在制图学的发展过程中，由于缺乏人迹罕至的遥远海域的制图数据，错误难以被发现。人们会把所有的岛屿都标注出来，虽然这样会为航行带来不便，但好过遭遇船难。即使这座岛屿是否存在还饱受争议，也要在地图上显示出来，出于经济方面的考虑，也不该将其删掉，因为更换铜板（制图模具）是一个耗资巨大的过程。仅仅是出于实用或者方便考虑，也要保留岛屿的位置，特别是如果这个岛屿是一个无关紧要或者人迹罕至的地方。

将不真实的岛屿囊括在地图上也是制图者的一种技术手段，用来验证同行是否剽窃了他们的作品。错误标记甚至可以为探索者带来赞美、赢得声望、获得影响力，北极探险家约翰·罗斯 1829 年至 1833 年的航行很好地证明了这一点。那时他的侄子詹姆士·罗斯是指挥官，他标记了三个岛屿，并将这些岛屿统称为波弗特群岛（Beaufort Group）。这些岛屿分别以克劳伦斯公爵（1830 年成为国王）的三个儿子的名字命名。当约翰·罗斯返回英国的时候，他和船长波弗特重新审视了地图，觉得除原本的三个岛屿外，应该再加上六个。如果这位未来的君主知道这些岛屿并不存在，那么这种因为以皇室血脉的名字命名所产生的虚假岛屿就会减少。他们的笔轻轻一挥，波弗特群岛就由三个岛屿变成了拥有九个岛屿的克劳伦斯岛。

1846 年也有类似的事情。当时约翰·巴罗是英国海军第二任部长，随着水文测量准确性的提升以及考虑到外交影响，他删去了六个岛屿，也就是现在的无数群岛（Innumerable Islands）。[25] 威廉·佩皮斯在英国海军部期间，也有一个大西洋的岛屿以他的名字命名，但这个岛屿并不存在。

商业因素也可能催生虚假岛屿。这些岛屿的故事不断流传，鼓励着赞助人投资开发，并压制债主，一旦揭露这些岛屿是虚假的，他们的利益和经济资助就会减少。我们也可以认为，渔民（特别是在远海捕猎海豹的人）助长了谎报岛屿存在的情况。比如，布里斯托的商人经常用搜寻安蒂斯或者黄金七城作为借口，来延伸捕猎鲟鱼的范围。同样，出于战略考虑，这类岛屿可以被当成去印度路途中的补给站而被人推荐给投资者。

固有观念以及在疑点重重的证据面前仍不愿意改变的态度，阻碍了人们发现地球形状的进程。一开始受人们追捧的错误观念，最后成为阻碍世界进步的绊脚石。

这些根深蒂固的观念数量众多且多种多样。在现代人看来，它们甚至可能显得原始和古怪，但却对理解世界的历史进程有着重要意义。

托勒密对十五世纪的地理学产生了巨大的影响，但他的世界地图在预估欧洲到亚洲东部的距离上存在重大错误，这个错误延续了几个世纪。即使是像保罗·托斯卡内利（Paolo Toscanelli）这样有影响力的宇宙学家也犯了这个错误，他对亚洲位置的认识是基于马可·波罗（Marco Polo）的笔记（已有近两百年的历史）。这类错误导致像克里斯托弗·哥伦布（Christopher Columbus）和约翰·卡博特（John Cabot）这样的早期航海家，对穿越大西洋的短途航行抱有积极态度；也鼓励了葡萄牙人费迪南德·麦哲伦（Ferdinand Magellan），他曾为西班牙人组织探险队，他预测亚洲大陆靠近美洲，也许就在尚待发现的亚洲岛屿链周围。

航海家发现的是美洲而不是印度让人失望，但是也启发出另一个观点：或许阿尼安海峡（Straits of Anian）是西北航道，是打开通往东亚之路的钥匙。这也催生了许多真实和虚构的航行故事。1778 年，詹姆斯·库克（James Cook）在探索太平洋和大西洋之间的海上联系时，为西方世界“重新发现”了夏威夷。[26]

我曾提出，从欧洲港口出发寻找新大陆的人，想法和行为都没有确定的依据。岛屿的奇幻魅力激发出了人们探索的欲望。在探索的过程，想象力比既定、零散的地理事实重要，因此许多发现都是出于偶然，是在人们追逐神话传说时发现的。

海上贸易路线的前景激发着公众的想象力，头脑灵活的文学出版商很快就会利用这一点。1838 年，美国威尔克斯探险队航行到太平洋和南极，目的之一就是选择捕鲸业的站点，其灵感有一部分来自 1812 年至 1831 年本杰明·莫雷尔等人杜撰的在北极边缘的航行。埃德加·爱伦·坡（Edgar Allan Poe）利用这一点写下了《亚瑟·戈登·皮姆的故事》（*The Narrative of Arthur Gordon Pym of Nantucket*），该书于 1838 年首次出版，讲述了在“未被发现”或“遗失”的岛屿上，发生兵变、饥荒、自相残杀和有关原始人的奇异故事。这部小说广受欢迎，“寻找失落的岛屿”的主题在现代文学中盛行。例如，杰弗里·詹金斯（Geoffrey Jenkins）的《可怕的冰》（*A Grue of Ice*）以布韦岛为原型，它被称为“地球上最偏远的地方”，因为它位于南大西洋的南面。1825 年，乔治·诺里斯船长在布韦岛登陆，并在其东北方向 72 公里处发现了第二个岛屿，他称它为汤普森岛（Thompson Island）。1893 年，富勒船长报道了这一消息，但此后就没有了汤普森岛的消息。布韦岛的第一张精确地图是在 1985 年制作的（被发现二百四十七年后），当时天气晴朗，挪威探险队可以从空中拍摄。1943 年汤普森岛出现在地图上，并且有迹象表明它曾在一次不为人知的火山爆发中消失了。随后调查发现，它位于水下 2500 米。

富勒船长的偶然发现之所以没有被提起，可能是因为汤普森岛是在某些特殊的气候条件下产生了海市蜃楼。在沿海水域，海市蜃楼以亚瑟王的仙女妹妹摩根勒菲的名字命名，传说她的魔法创造了岛屿、港口和城市的幻象，导致海员死亡。这种海市蜃楼是由光线折射导致的，在异常平静和多雾的天气中可能会发生这种情况。[27] 这些海市蜃楼引起了海员的担忧，这在亨利·斯托梅尔（Henry Stommel）著名的《失落的岛屿：从海图上消失的岛屿的故事》（*Lost Islands: The Story of Islands That Have Vanished from Nautical Charts*）中的两段话中得到了证明：

"我的朋友艾伦·乔根森船长说，他年轻时曾作为三副在夜间监视前方一座模糊的高岛，但这座岛屿并未被绘制出来。在说服自己这不是幻觉后，他紧张地唤醒了船长。船长在铺位上翻了个身，告诫他要保持航向。回到桥上，他看到大副平静地驶向那座越来越清晰的岛屿，巨大的黑色悬崖耸立起来，他们脚下出现了大浪。然而，船奇迹般地穿过了巨浪，这是一场夜间暴风雨。

"约翰·拜伦船长在1764到1766年的环球航行中描述了这样一件事：1764年11月12日，地平线上几乎都是黑色的。当时他正在船尾的甲板上走来走去，船艏楼上的所有人突然喊道：'陆地！前面就是陆地！'他看了看前帆下面和船头的背风处，发现了陆地的全貌。它起初看起来像一个小岛，上面有两个非常崎岖的小丘，但向背风方向看，陆地与它相连，向西南方向延伸。然后船转向西南方向。拜伦派军官到桅杆上眺望上风舷，他们顺风看到了陆地。他发送声音测试，发现水位很浅，他认为船可能会搁浅。于是他扬帆起航，向东南偏东航行，陆地面貌没有任何变化。山丘依旧蔚蓝，一些船员看到沙滩上的海浪。大约一个小时后，陆地突然消失了，令他们大吃一惊。"[28]

十九世纪的航海图和地图中的两百多个岛屿现在都被证实不存在。

1789 年，皇家海军邦提号的叛乱者登陆皮特凯恩岛（Pitcarin Island）时发现，该岛在地图上的标记距离真实位置相差约 201 公里。皮特凯恩岛在约 322 公里范围内，有自己的“幽灵岛”——化身岛、米歇尔岛和圣巴勃罗岛，这些岛屿直到十九世纪中期仍在英国的版图上。[29]

但是航海者只能根据他们手头的资料进行判断，凭借地图信息确定岛屿的位置，这种想法导致直到十九世纪后期，航海依然一无所获。例如，直到十九世纪七十年代，航行于太平洋中的船只仍然依靠复活节岛来定位朝圣岛以及瓦后岛，实际上这两个岛屿并不存在，但依旧呈现在地图上。1875 年，英国从太平洋地图上删除了一百二十三座岛屿以及暗礁（岩石、礁石以及其他危险），其中也包括三个真实存在的岛屿！1932 年，国际水文局仍然认为恒河岛是航行中“潜在”的危险，但这个岛并不存在。

直到二十世纪，这些岛屿在人们的脑海中仍然是未知的世界。吉尔伯特·格洛夫纳很好地证明了这一点，在一封给总统的书信中，他表示太平洋中仍然有一些待发现的岛屿。在发明卫星探测技术前，航行贸易路线以及岛屿上的事业（比如捕海豹、捕鲸）逐渐消失，导致高纬度的海域和太平洋地区逐渐淡出人们的视野，这种情况大约存在了一百五十年左右。当然，这些是历史问题。

在大西洋地区，漂移的极乐岛成为“问题岛屿”，继续出现在后来的航海图上，但是被标记为岩石、河岸，最后成为海底山。但是这个过程并不顺利。1981 年，国家地理协会的世界地图仍然标记了不存在的斗牛岛和大西洋岛。在南太平洋到大西洋边缘区域，皇家公司岛屿直到 1908 年才从地图上被剔除，尼姆罗德群岛于 1936 年被删除，翡翠岛于 1954 年被删除。直到 1974 年，苏维埃地理研究所仍将翡翠岛标记在地图上，

1985 年版的《泰晤士世界地图集》也标有该岛屿。[30]

除了地球上新形成的岛屿以及冰川融化后露出的岛屿，人们需要花费时间去发现新的岛屿。但最终总是空欢喜，人们不但找不到新岛，还总是遇见根本就不存在的岛。1980 年，一艘美国探测船宣称，在南大西洋地区的南桑威奇群岛（South Sandwich Group）发现一处新的岛屿。随后，一艘英国探测船前往确认该岛屿，如果确有该岛，那么就将其添加到地图上。但是他们并没有找到那座岛。

下面这个例子更为明显。2012 年 11 月，一艘澳大利亚探测船在桑迪岛（Sandy Island）区域航行，这座岛屿在谷歌地图、世界地图、航海图以及科学出版物上都存在。世界著名的《泰晤士世界地图集》上也有这座岛屿（该岛露出部分约为 1408 米），但是名字是塞布尔岛（Sable Island）。负责为澳大利亚水文局提供制图服务的负责人说，一些地图制作者会添加不存在的街道来密切监视人们，从而窃取数据，但是他们表示自己并没有在航海制图中这样做。这就像过去的地图制作者将不存在的岛屿标注在地图上来阻止竞争者的剽窃。显而易见，即使桑迪岛真的存在，也应该是在法国的海域中，并且该海域已经很仔细地被探索过了。但是它并不在法国的地图上。[31]

那些因为利益考虑删除岛屿的人会后悔的。海洋学家亨利・斯托梅尔在一次报道中，用充满惋惜的语气说："我们的主要任务就是一个一个地删除小岛，其中一些岛我们真的觉得应该存在。探索的喜悦通常伴随着幻想的破灭以及浪漫的消亡。"[32]

删除小岛的过程确实存在着遗憾，但是探险者仍然存有实现自己梦想的希望。最近发现的两个岛屿——查戈斯群岛（Chagos Group，印度洋中心的群岛）中的科洛科特塞斯礁（Colvocoresses Reef），以及纽芬兰水域的兰德塞特岛（Landsat Island）。尽管兰德塞特岛面积只有 1125 平方米，海拔只有 6 米，也能让探险者们振作起来。

最后不得不提玛丽安娜·威金斯的反乌托邦小说中船长标记岛屿的故事。小说以印度洋中的安达曼群岛（Andaman Islands）为背景，描述了由“一只眼的酒鬼用一支浸泡在隐形墨水中的羽毛笔”进行的调查。“岛屿就像是从一个荚果中长出来的种子，每座岛屿都很相像……在调查中发现，位于两座无名岛之间的深水海峡现在是一座珊瑚岛，两座类似的环状珊瑚岛已经形成了浅滩。地震使得该区域每年都要发生两到三次改变，之前这里还是浅滩，现在却成了新的环状珊瑚岛和环礁湖。”[33]

第二章

克鲁索：海难者、流放者以及海滩流浪者

1761年，八个人在一次船难中幸免于难，被困于位于印度洋珊瑚礁的一座荒岛，其中有七位女性和一个孩子。1776年，一艘满载马达加斯加非法奴隶的法国船只一路南下来到这个在地图上并未标记的岛屿，八人获救。这个故事有很多版本，大体上的事实可以从到达洛里昂的航海日记中得知，毛里求斯的法国长官派出救援队也救出了一些人，他们也提供了一些信息。

事情经过大致是这样：至少有二十名水手、七十名奴隶葬身大海，由于舱门被堵，逃生变得更加困难。最后八十八名奴隶到达海岸，但是将近三分之一的人在开始的几周就去世了，因为他们缺少淡水。更多人的死因是他们出生于马达加斯加的中央高地，没有在海洋环境下生活的经验，更不要说在这种恶劣环境下生存了。

人们修复了破碎的船只，此后的六个月，剩下的一百二十名船员以及两名“绅士”挤上了船，奴隶则被抛在身后。当奴隶们到达约604公里开外的法兰西岛大区时，该地被卷入英国的“七年战争”之中，印度将进攻这里，于是他们禁止奴隶入境，因为让他们入境就意味着要养活更多的人。当地长官不想为了拯救这些不受欢迎且违法的奴隶而损失船只。

有十八个人尝试建造竹筏或者船只，准备逃跑，但是之后就没有关于他们的记载了。剩下的人利用船骸存活了十五年。船骸破败后，他们不得不使用珊瑚礁来建住处，用沙子或者火山石来制作水泥石块。他们利用水手们挖的水井来喝水，建造了一个公共的烤炉，修补铜罐子，有的罐子被反反复复修补了八次之多，他们还自己制作铆钉。他们以海龟、海鸟以及贝类等海鲜为食。

这些人在最高点建造了瞭望台，1776 年一艘法国战舰侦察到了他们，并且派出小船，尝试穿过礁石营救他们。最后这艘船也遭遇了海难，但船员们的足智多谋和决心催生了一个又一个传奇的故事。最后，由马达加斯加人及法国救援者组成的八人团队航行到了毛里求斯，一艘船被派去接剩下的被困者。这位长官不仅组织了这次营救，而且坚持认为这些马达加斯加人并不是奴隶，因为他们是被非法购买的。这座岛曾经叫沙岛或者奴隶岛，最终被命名为特罗梅林岛（Tromelin Island），以此来纪念首次发现受困者的法国战舰船长特罗梅林。[1]

上述故事揭示了岛上生存的核心问题——寻找庇护所、食物和水源，以及为生存克服艰难困苦。这种故事的主题是绝望的旅程和被抛弃的灵魂，它激发了人类的想象——在条件艰苦、与世隔绝的地方，一群人运用智慧和韧性生存；一个腐朽的组织不做任何有意义的事，自生自灭；危险而英雄般的营救故事；少数幸运者能走到最后的幸福结局。那时候，被抛弃在危险海域里的水手们的离奇故事比比皆是，为民间歌曲、故事以及想象文学提供了丰富的土壤。[2]

鲁滨孙·克鲁索——典型的海难者

文学作品中的海难者数不胜数，有马耳他的圣保罗、斯刻里亚（有的也叫费阿刻斯）的奥德修斯、百慕大的普罗斯佩罗、小人国的格列佛，但直到 1719 年《鲁滨孙漂流记》出版，才确定了“漂流文学”在历史上的地位。这本书很快声名大噪，笛福不得不匆匆写上结尾，它的成功也激励了大量的模仿者创造出众多荒岛英雄。二十世纪初期，“鲁滨孙产业”在欧洲文学中确定了自己的流派。《鲁滨孙漂流记》有七百多个版本，被翻译成各国文字，大家争相模仿，连格陵兰岛的因纽特人都写过一个版本。十八世纪，里查德·谢里丹导演了一部克鲁索儿童圣诞剧。十九世纪，雅克·奥芬巴赫为其同名歌剧作曲。二十世纪，路易斯·布努埃尔为这部“现代历史上伟大的畅销书”制作了几部电影。[3]

当我们重新审视这本小说及其衍生作品时，发现很多航线都有商船、军舰以及私人船只的踪迹，小岛只能提供有限的淡水、食物和燃料，可见笛福刻画的船难者和流放者影响之深远。主人公被迫漂泊的命运是悲惨的，通常还要面对恶毒的私掠船、海盗。独自上岸的海难者通常有少量的随身物品，否则如果这个岛上没有可利用的资源，那人不是被渴死，就是被饿死。即使这个海难者物资充足，他仍然难以摆脱孤独和压抑的困扰，直至死亡，或者落入敌人之手，成为奴隶或者阶下囚。比如，1725 年，一艘荷兰船只的长官因为鸡奸罪被流放至阿森松岛（Ascension Island）。九个月之后，一名英国水手发现了他的帐篷、日记以及一些物品，但人已经死了。

笛福一定熟知威廉·丹彼尔（William Dampier）的航行故事，还有他在 1697 年出版的《环游世界的新航行》(*A New Voyage Round the World*)，这本书开启了“发现文学”（discovery literature）的潮流。该文学的文风是散文式的，科学地叙述近期的发现之旅。丹彼尔十分熟悉从海难中死里逃生的经历，他曾经成功度过两次危险的海难。1701 年，丹彼尔成为英国皇家海军雄獐号的长官，他的船只在克拉伦斯湾沉没，那里是阿森松岛的主要停泊处。他和六十名船员成功度过了两个月，之后被救。1704 年，亚历山大·塞尔柯克被流放至鲁滨孙·克鲁索岛（Más a Tierra），丹彼尔曾出现过，非常巧合的是，当他们相遇时，丹彼尔正和私掠者伍德·罗杰斯在一起。1709 年塞尔柯克被营救，然后回到英国，于 1721 年死于海上。1713 年，伍德·罗杰斯和里查德·斯蒂尔在《英国人》(*The Englishman*）的一篇文章中写过这件事。这点燃了大众的想象，市面上关于漂泊者的大量叙述为作家提供了丰富素材。

实际上，在塞尔柯克之前，有人已经被流放至鲁滨孙·克鲁索岛。1681 年，面对西班牙的船舰时，詹姆斯·沃尔特船长不得不带领登陆小分队紧急撤退。在匆忙之中，一个名叫威廉的米斯基托人被留在了岛上，他身边只有一把火药枪、几发子弹和一把刀。他利用这些做出了一把锯子、一些鱼叉和鱼钩，成功活了下来，并且躲避了西班牙人的追捕。直到 1684 年，他才获救。几年之后，五个英国海盗以及四个当地人自愿到那个岛上生活，三年之后成功被救。

亚历山大·塞尔柯克这种自愿流放者（我很谨慎地使用这个词，因为有证据表明，他到了海滩就改变了想法）和鲁滨孙这种遭遇船难的人之间有着很多相似之处：他们都很幸运地漂泊到了一个气候温和、能为生存提供充足的资源的岛屿。岛屿上没有野蛮的生物。他们都带着充足的物资上岸——塞尔柯克带上了所有的物品，包括他的床铺、枪、小刀、斧头、水壶、燧石以及钢铁，甚至还有书。他们前几周通常都非常绝望，因脱离社会而感到心灰意冷。据说被营救时，塞尔柯克悠闲自得，但此前他用了十八个月的时间来适应岛屿的生存环境。他们都能发挥自己的聪明才智改造岛屿，创造舒适的环境，好让自己生存下去。

对于丹尼尔·笛福来说，岛屿为他提供了一个舞台，他有大量的时间反思他被命运流放至荒岛之前曾犯下的罪过。但即使如此，命运也是仁慈的，笛福所在的岛屿物资充足，他还随身带着书，并且有二十七年的时间来研习。当时有很多人模仿笛福，岛屿成为他们暂时的避难所，为他们提供了相对舒服的生活。但是他们仍然会害怕野生动物和野蛮人。[4]

E·M·福斯特对《鲁滨孙漂流记》会流行的解释似乎更合理，英国人认为，只有比他们笨的人才会过冒险生活，而克鲁索就比较笨，他对岛屿没有一点兴趣。即使他燃起了一星半点探索的热情，也很快被持续的焦虑和对野生动物和野蛮人的恐惧吞噬干净了。[5]

众所周知，人们很容易忽视岛屿的负面作用，克鲁索忧心忡忡地生活、建造防御工事，这种生活用炼狱来描述更为贴切。在勤勉地完成上帝旨意的过程中，他的首要目的就是赎罪，也就是逃离他心中的岛屿。十八世纪的基督教强调人类的理性，人类与自然是对立的状态，除非自然能够提供生产资料，野蛮人能够归顺上帝。

克鲁索发现，在岛上，基本的生活需求相对容易满足，所以没有进一步向外探索的欲望。十个月过后，他仍然没有去过岛屿的另一侧——尽管只有一天的路程。也就是那个时候，他才决定制定一个探索岛屿的完美计划，但不知道他后来有没有实施这个计划。他花了六年时间乘船环岛，但是他对乘船这件事充满焦虑和恐惧，之后他很少再用到这条船。

他离开精心设计的坚固家园后，就不得不睡在树桩环绕的大树下面，当他发现人类的足迹后，又辛苦劳作两年建造了新的防御工程。他担心自己的安危，但这种想法违背了他的信仰。十八年后，他发现了人类遗存的食人仪式。毫无疑问，这个发现加深了他对即将到来的灾难的担忧和恐惧。“我没有睡过安稳觉，总是做噩梦……自从我看到脚印之后，我无时无刻不生活在焦虑、恐惧以及担忧之中。”

然后他从食人族手中救下了一名野蛮人——这是十八世纪英格兰流行的写作套路，他给那个野蛮人取名为“星期五”，星期五很快就接受了克鲁索，认为他就是救世主，像仆人一样尊敬他。星期五被视作动物——一种被克鲁索这个拥有知识和智慧的人关怀的生物。克鲁索最大的希望就是让星期五成为一名仆人、一个文明人。

就这样，克鲁索在小岛上创造了一个古老的、既定的社会。克鲁索教化的热情和盲目的自信越来越强，他开始改建丛林，扩大防御工程的范围，建筑形式也变复杂了，增加花园的面积，建造起粮食仓库。克鲁索通过这些方式，获得了久违的慰藉和安全感。

克鲁索最初的需求只是健康、淡水、阴凉，以及免受野蛮生物的侵袭，能够看到海洋从而快速求救。他乐观地以为自己很快就会获救。但是只有十一艘废弃的船只“光顾”过这里，他取走了丰富的物品，安安稳稳地度过了十三天。然而现在，克鲁索要处理的事情超过了他的认知，比如建造军火库和制作各种工具，来改造他所生存的世界。

他仔细勘察周边陌生的情形后，对新发现的第一反应是震惊：“这个可怕的岛条件恶劣，我将这个充满霉运的岛屿命名为‘绝望之岛’。轮船全部都被海水吞噬，我也差点丧命。”

但克鲁索也必须感谢上天的眷顾，正如他所说的那样：“我能在这座小岛上活下来，是上天的眷顾。”尝试环游小岛让他松了口气，“那座荒凉的孤岛，真是世界上最令人愉快的地方”。很多海难者的叙述充满恐惧和担忧，远比克鲁索的遭遇更加悲惨。但是令人奇怪的是，这种故事总是被视作上天对人类之爱的象征，克鲁索承认上天实际上还是怜悯人类的，而海难者有足够的时间来为自己曾经犯下的罪恶赎罪。

克鲁索在“绝望之岛”上的经历和他的需求息息相关——他建造一个“王国”，反映了他曾生活过的大陆上的生活秩序，他乐于接受主人的身份，从而开始驯化星期五；后来一艘船到了岛上，开始船员们冲突不断，克鲁索最终对他们发号施令。他利用这些人建立了一个微型王国，在王国中他可以自信地说“我的臣民都非常顺从，我就是皇帝，就是评判者”。

克鲁索获救之后，他的救赎也开始了，他没有丝毫留恋地离开了岛屿。但是记忆却跟他开了个玩笑，他安全地回到大陆后，不断地回想起在岛屿上静谧的、无忧无虑的生活，因为大陆上的生活远比无忧无虑的岛屿生活更加令人劳累、焦虑。但也许笛福在小说中回忆岛屿美好的生活，是为接下来的作品做铺垫，因为他在字里行间透露出未来主人公会有更多的冒险。《鲁滨孙漂流记续集》（*The Further Adventures of Robinson Crusoe*）和《鲁滨孙沉思集》（*Serious Reflections During the Life & Surprising Adventures of Robinson Crusoe, With His Vision of the Angelic World*）分别于1719年和1720年出版。

鲁滨孙的影响

现代评论者认为《鲁滨孙漂流记》过于沉闷，但是在笛福生活的时代，散文式的“发现文学”正处于鼎盛时期，“孤岛漂流”主题还比较新颖。安布罗斯·伊万斯（Ambrose Evans）的《詹姆斯·迪布迪厄和妻子的惊险救赎之旅》（*The Adventures and Surprizing Deliverances, of James Dubourdieu*）在笛福的第二卷小说出版后就上市了，他于 1719 年又写了《亚历山大·文丘奇的奇幻之旅》（*The Adventures of Alexander Vendchurch*）。其他的仿作通常会添加超自然现象以及新物种的描述，这些作品如下：罗伯特·帕尔托克（Robert Plaltock）的《彼得·维京的生活和冒险》（*The Life and Adventures of Peter Wilkin*），拉尔夫·莫里斯（Ralph Morris，化名）的《约翰·丹尼尔的生活和惊奇冒险》（*The Life and Astonishing Adventures of John Daniel*），威廉·宾菲尔德（William Bingfield，化名）的《威廉·宾菲尔德先生的旅行和冒险》（*The Travels and Adventures of William Bingfield*），约翰·豪威尔（John Howell）的《亚历山大·赛尔扣克的生活和冒险》（*The Life and Adventures of Alexander Selkirk*）。[6]

毫无疑问，《鲁滨孙漂流记》成为范式。R·M·巴兰坦（R. M. Ballantyne）的《珊瑚岛》（*The Coral Island*），弗雷德里克·玛利亚特（Frederick Marryat）的《未来大师》（*Masterman Ready*）以及约翰·怀斯（John Wyss）的《海角乐园》（*The Swiss Family Robinson*）都是例证，

这些小说中的环境可以用瓦尔特·德·拉·梅尔（Walter de la Mare）的话语来概述："这种岛屿大概是这样的，距离人类栖息地很近（约483到643公里），而且远离常规的海上贸易之路，在地图上都没有被标记出来，岛屿面积较大，差不多134平方公里，气候不极端，岛上有丰富的资源——阴凉地、淡水、庇护所、供人类食用的食物。最重要的是还有我们的隐居者。"[7]

德·拉·梅尔用"荒岛"一词来形容隐居者的家园，这反映了两种特质：第一，岛屿无人居住或者人烟稀少，几乎不受人类社会的影响；第二，《鲁滨孙漂流记》大获成功之后，荒岛呈现出一种异域特质。因此，1853年J·F·鲍曼（J. K. Bowman）出版的《岛屿家园或年轻的漂流者》（*The Island Home, or, The Young Castaways*）模仿"鲁滨孙体"，并且预言了《海角乐园》中的岛屿物产丰富："你见过有哪个荒岛不迷人吗……那里的气候千变万化，同时拥有寒冷和炎热区域，有果子、蔬菜，还有欧洲、亚洲和非洲的动物。"[8]

米歇尔·图尼埃（Michel Tournier）的《星期五或太平洋上的灵簿狱》（*Friday, or, The Other Island*）[9]虽然是对笛福作品的模仿，但主人公的形象已经发生了明显的改变，变为一个在幸福中皈依自然之人。鲁滨孙·克鲁索建造防御工程是为了使自己免受恶劣环境的影响，同时宣扬一种十八世纪英格兰人敬畏上帝的生活，而《星期五或太平洋上的灵簿狱》则塑造了人与自然的复杂关系，这种关系最终成为他的生活价值。

笛福将岛屿定位在距离奥里诺科河入海口60公里处，那里与亚历山大·塞尔克里克描述的岛大不相同。图尼埃则将岛屿定位在靠近鲁滨孙·克鲁索岛外围的珊瑚礁斯佩兰扎（Speranza），位于费尔南多群岛（Fernando Islands）西面和智利东海岸，地图上并没有这个地方。和笛福的海难者相似，图尼埃的“鲁滨孙”在灾难面前立刻成为一个赎罪者。对他来说，这座岛屿就是隔绝之岛，类似于克鲁索的“绝望之岛”，“独自一人赤身在绝望的土地上，陪伴他的只有在船骸中腐烂的两具尸体。”

图尼埃小说中的主人公刚到岛上时，并不想在岛上扎根。他很少离开海滩，因为那里可以看到路过的船只，可以带他回去。他最后还是不得不从船骸上搜索物资，然后将全部精力用于建造一艘名叫“逃跑”的小船。但是徒手造船工程浩大，他难以进行下去。远航似乎不可能，又没有船只经过，他不得不承认这座岛屿不在人类的航海范围中。

这种困境让他精神萎靡，他无法排解强烈的孤独感，恐惧感迫使他不得不恢复人类的兽性，在岛屿的泥沼中打滚。但是他很快地意识到，沉溺于忧伤可能会带来致命的后果，这让他震惊，并且开始像笛福笔下的鲁滨孙一样沉迷于各种活动。

他将岛屿命名为斯佩兰扎，意为“希望之岛”，这标志着他的岛屿生活进入了新的阶段。为逃避岛屿上混乱的自然秩序，他决定采用他更加熟悉的历法。他还设置了度量单位，还有一个“用个人力量和意志驯服时间”的水钟。他在防御工程的建造上要求严格，从而免受野蛮人的侵袭，同时努力种植谷物和食物，来确保未来几年都有食物可吃。“文明的进步”就是通过仪式、日常行为以及强制性的活动来改造岛屿。通过改造岛屿，他从对未知世界的恐惧和挣扎中寻求到安全感，但他内心始终存在恐惧感。

虽然他已经做了很多创造性的工作，但他仍然在“退步”，因为他没有办法完全消除内心的疑惑和徒劳感——因为无人分享，他辛苦劳作得到的果实也失去了意义。如果他继续严格按照这个模式生活，就会感到空虚，他自己也承认："一个新的人似乎在他的内心渐渐成长，这个人不再是一个实干的指导者。"这个"新人"对自己的家园——这座岛屿充满了温柔。他感觉岛屿扮演着母亲的角色，为他提供生活所需，这种关系是一种滋养而不是打击。

鲁滨孙在旧习惯和新的可能性之间摇摆不定。之后，星期五来了，并接受了鲁滨孙的指导，但这个星期五比笛福笔下的"野蛮人"更难驾驭。星期五对他的信仰完全没有反应，也不想开垦岛屿。相反，他似乎非常满足于玩耍，拥有孩子般的好奇心，每天无所事事，完全不接受秩序和组织、计划和管理的原则。更糟糕的是，星期五对一切缺乏热情，这使得鲁滨孙无法征服这座岛屿。

由于鲁滨孙减少了烟草的供应，星期五不得不躲到洞穴中偷偷抽储藏起来的烟，最后导致了灾难性的事件。星期五意识到被发现了，将剩下的烟扔进了洞穴的后面，四十桶火药瞬间爆炸，所有的设备、来之不易的食物以及他们辛辛苦苦建造的所有建筑都在一瞬间被摧毁。爆炸也让鲁滨孙改造岛屿的决心烟消云散。他意识到这些劳动是对自己的一种压迫，也是对星期五的压榨，也许星期五的这一行为是在间接告诉他要做出改变了。

"一个新的鲁滨孙正在从旧躯壳中蜕化，准备接受改造岛屿的失败，不假思索地走向一条未知的道路。"在星期五的陪伴和启发下，他开始做起从前不屑做的运动和消遣。在这种情况下，鲁滨孙的基本需求很容易满足，他不关心过去或未来，完全活在当下。

星期五会躺在吊床上用吹管把鸟儿打下来，晚上他会把一袋鸟儿扔到鲁滨孙的脚下，鲁滨孙会"像对忠诚的猎犬一样随便做个手势，无须发号施令，也能彰显自己的主人身份"。鲁滨孙越来越能欣赏星期五的世界观，从而对曾经使他陷入绝望和孤独的匮乏有所改观。

鲁滨孙能够获得重生，得益于岛屿的孤立。在岛上生活了二十八年后，一艘从利物浦来的纵帆船来到了斯佩兰扎。在岛屿上待久了之后，他极度渴望重新融入人类社会，这么久都见不到人，他几乎要发疯了。但当他看到那些人带来的用具时，他感到不舒服，不仅是因为长期离群索居，见到人会认生，还有更多的不适感。对于船员来说，遭遇海难和荒岛求生只是海上航行司空见惯的事，他们对细节并不感兴趣，而是更喜欢讨论最近的战争以及从中获多少利。鲁滨孙向他们展示了可以防止坏血病的新鲜水果和蔬菜，船员们做了看起来很自然的事情——他们马上吃了起来，然后又拿了很多，为未来的航行做准备。鲁滨孙知道，过去的他和他们一样，“被贪婪、傲慢和暴力所驱使”。“他以为他们会问他住在这座荒岛上是为了什么，他会说：‘一只手指向斯佩兰扎的海岸，另一只手指向太阳。’愣了片刻之后，亨特（帆船的船长）放声大笑，笑声显得很愚蠢：对他来说，太阳除了是一团巨大的火焰，还能是什么？”

还能怎么回答呢？毕竟船长和船员对此不感兴趣，经过多年的海上生活，他们的想象力变迟钝了。但是他们的态度也让鲁滨孙意识到，他已不再那么需要依恋感、稳定感以及团结感，如果重回大陆生活，自己的重生不过是昙花一现。

鲁滨孙决定留下来，心甘情愿地当一个流浪者而不是被人类社会抛弃的人。星期五和船只一起悄无声息地离开了。当鲁滨孙为星期五的离开而伤感不已时，他发现了一个男孩，他藏在岛上没和船员一起离开，因为他不想再被船员虐待。“他拉着男孩带走了他，一起爬到岛屿最高处的岩石斜坡上。北面出现一丝白光，鲁滨孙指着白光说：‘看，远处的那艘船，你再也见不到它了。’”

亚历山大·塞尔柯克在回忆时表示，他希望留在岛屿上。1713 年，在《英国人》的一篇文章中，理查德·斯蒂尔和塞尔柯克长谈，并且将他的生活描述为“学会了忍耐和锻炼，夜晚静谧，白天欣喜”。之后在他的家乡苏格兰的拉戈，我们看到他再次回到山洞里，在那里他能够凝神看海，静思过去，怀念他在鲁滨孙岛的生活。[10]

自愿流浪

在笛福的作品里，即使遇难的船只上物资丰富，漂流到与世隔绝的小岛上这种情节也被认为是灭绝人性的。主人公不仅缺乏同伴之间正常的交流，还会因为缺失朋友而产生病态的焦虑，更要面对未知的危险。因此岛屿就成了一种社会形式的缩影——一种户外监狱。

一些真实的漂流经历，特别是那些自愿漂流到岛上的经历，进一步解释了为什么图尼埃对岛屿产生了一种亲切的深远的依恋，以及岛屿生活的意义，即使那里自然条件较差，也没有人陪伴。汤姆·尼尔（Tom Neil）就是这样的一个例子。他在波罗尼西亚的库克群岛北面的安克雷奇岛（Anchorage）上独居了十五年，我们会在之后的章节里谈论到他。

自愿漂泊是海滩流浪者（beachcomber）传统的一部分。海滩流浪者发源于欧洲的“跳船”和“返璞归真”之人，而且对岛屿政治有一定影响。也许贡萨洛维戈是海滩流浪者第一人，1522 年他被斐迪南·麦哲伦的船只特立尼达号抛弃在太平洋的马里亚纳群岛（Mariana Group），此后漂流到关岛（Guam）并且在那里生活了四年。但是，“海滩流浪者”一词在那之后才出现，梅尔维尔·赫尔曼（Herman Melville）可能在 1842 年才使用该词，当时他跳入了马克萨斯群岛（Marquesas）的海域，并在五年后将此经历写入他的《欧慕：南海冒险之旅》（*Omoo: A Narrative of Adventures in the South Seas*）一书中。

海滩流浪者的鼎盛时期相当短暂，大概从十八世纪末到十九世纪早期，流浪者大多出自在太平洋航行的英国和美国的捕鲸船。其中包括各行各业的人：船员、逃票者，逃犯以及贵族冒险者。很多人是为了逃离险恶的环境，与同时代的传教者、商人以及政府官员相比，他们能更好地融入当地的环境。特别是在波利尼西亚岛屿（Polynesian Islands）上，当地人很善于同化外来者，当地人认为这些人就是神话中那些重返人间的神或祖先。这些海滩流浪者通常拥有一技之长，他们能够制作铁具，将贸易物品转化为实用工具，能够修理以及指导火器的使用。

当有别的船只到岛上时，这些流浪者可以充当当地人和外来者沟通的“桥梁”，他们还可以为当地人引进高价值的创新技术，从而在当地首长之中获得较高声望，充当顾问之职。然而历史学家通常不喜欢海滩流浪者，把他们描述为“朝代的创立者，传教、政府以及传统殖民地的祸根”[11]。最知名的流浪者当属威廉·马林拿（William Mariner），一个在 1806 年被汤加酋长俘虏的船舱上的仆人，但后来他发展了一支民兵军队，在帮助酋长统一群岛的过程中发挥了关键作用。在 1811 年返回伦敦成为一名股票经纪人之前，他曾是强大的酋长、著名的战士和汤加社会有声望的地主。显然，他的著作《南太平洋汤加群岛原住民记述》（*An Account of the Natives of the Tonga Islands, in the South Pacific Ocean*）是了解早期汤加文化的重要作品。[12]

到十九世纪末，海滩流浪者通常被视为太平洋上的流浪汉。当然也有例外，例如，从 1897 年到 1923 年，E · J · 班菲尔德（E. J. Banfield）和他的妻子、管家一直住在邓克岛，该岛有 6 平方公里，距昆士兰海岸 4 公里。他写了四本书，1908 年发表的《一个海滩流浪者的自白》（*The Confessions of a Beachcomber*）为他赢得了国际声誉，随后有人在《泰晤士报文学副刊》上为他的书发表评论，他的讣告出现在《伦敦时报》上。[13] 按照海滩流浪者的传统，班菲尔德不是一个孤独的人，他与人类保持着密切的联系。有一艘轮船会定期在岛上停靠，他发表的“乡村布道”、报纸文章和信件表明，他对社会上的事了如指掌。

自愿流浪者与班菲尔德不同，他们没有遭遇船难，只是从大海上漂流到海滩。他们会主动寻找一座岛屿，利用岛屿与世隔绝的优势进行不受大陆影响的社会实验。鲁滨孙最大的幸福便是心存获救的希望，但在岛屿上的生活让他变得鼠目寸光，他不明白岛屿上的生活可以让他免受人类社会的艰辛。虽然践行这种理想的人并不多，但是一旦有机会，总会有源源不断的人执着于效仿亚历山大 · 塞尔柯克。

这样的情况不胜枚举。1930 年，在适应了在有限的资源和不稳定的环境中生活之后，当最后几个家庭撤离外赫布里底群岛的圣基尔达时，大约又有四百人向庄园主提出申请，希望继续在此生活。

1961 年，伯纳德 · 斯坦伯里在《伦敦时报》上刊登了一则广告，召集志愿者在岛上建立一个新社会。在新社会中，财产公有化，以家庭为单位生活，但保有一定的隐私，教育是非竞争性的，孩子将由最好的“教养者”抚养长大，友谊和爱是社会的基石。他一周之内就收到了一百五十份申请，最终激增到五千多份，最后他从中挑选了二十六个人。1964 年 7 月 5 日，据《悉尼先驱晨报》报道，斯坦伯里未能成功购买大堡礁的中珀西岛（Middle Percy Island），那么试验可能会在太平洋库克群岛的哈维岛（Harvey Island）上进行，他的团队还在寻求资金支持。《观察家报》也刊登了一则约 5 厘米长的广告，征集两名"漂流者"在法属波利尼西亚的土莫阿土群岛上充当人类学家的私人助理，这个广告收到了三百多个回应。

与此类似的还有媒体对十八岁的马丁·波普尔韦尔（Martin Popplewell）的关注，他计划和他的"星期五女孩"海伦一起漂流，1989 年 1 月，英国发行量较大的报纸《每日邮报》用了一半的头版报道这件事。波普尔韦尔受好莱坞电影《青春珊瑚岛》的启发，自愿流浪到帕坦格加拉斯岛（Patangeras），该岛位于太平洋卡罗琳群岛的乌利西环礁内，他规划了三年，最终却选择了一个布满二战垃圾的岛屿，上面满是老鼠和蚊子。他和他的星期五女孩争论不休，最终一个月后女孩离开，随即将故事卖给小报，将她的"鲁滨孙"（比她小十二岁）描述成一个痴迷于青春期梦想的男人。

波普尔韦尔稍稍休整之后，去往了附近的莫格莫格（Mog Mog），在那里他说服了他的青梅竹马瑞秋和他一起住在附近无人居住的多仁冷（Dorenleng）。他们的关系一直"友好但脆弱"，直到他们感染了沙门氏菌和阿米巴痢疾，才不得不放弃了他们的"生存试验"。十二年后，波普尔韦尔成了电视节目主持人和记者，才得以与瑞秋一起回到多仁冷，并在他的原始视频日记的基础上制作了一部故事片——《真正的放逐者》，这部影片为越来越受欢迎的海滩流浪纪录片增添了些许现实感。

《漂流 2000，船难》和《名人爱情岛》一直是电视剧的黄金档，反映了人们对"在岛上建立新社会"的本能的渴望（只与真人秀的观众分享）。《漂流 2000，船难》以苏格兰外赫布里底群岛（Outer Hebrides）

的塔伦赛岛（Taransay）为背景，旨在“在新千禧年建立一个新社区”，它最初的定位是一部中产阶级纪录片，然而最终变成了小报上的小说。

2007 年，该栏目在澳大利亚的小巴里尔岛商议修改方案时，将原本一年的实验周期修改为十二周，反映了自 2000 年以来，真人秀的即时满足性越来越重要。2014 年，这种试验又流行起来，据说，有十三个普通人在太平洋岛屿上自生自灭，“为他们的生存而战”。然而这一次的实验仅仅持续了一个月，几天之内，电视纪录片《小岛》就被指控造假：有四人自称是普通人，但他们之前曾在危险的环境中工作过；参赛者从预先放置的橡胶水池中获取生活用水；为了电视效果，有两个鳄鱼是由制作方引进的。然而该节目的主持人贝尔·格里尔斯否认了这些指控。

2017 年，人们看到演员罗布森·格林实现了他“一生的梦想”——效仿鲁滨孙·克鲁索，在菲律宾一个自古便无人知晓的岛屿——北衮陶（North Guntao）上生活。他和一个摄制组一起登陆，一共停留了一个星期，因患上肠胃炎，不得不被运往邻近的岛屿接受治疗而中止。即使是严肃的记录，最终也成了蹩脚的娱乐作品。

但是仅凭这些例子就推断荒岛的魅力正在消失是错误的。自从 1942 年 1 月，在一个被轰炸了的位于伦敦麦德维尔区的工作室里，罗伊·普朗利首次向英国广播公司的听众介绍《荒岛唱片》后，它就成了一个广播机构，在一个近几十年来稍显落伍的行业中，这个机构发展得很稳定。正如一个评论者所说的：“能受到《荒岛唱片》的邀请，说明他在大众心目中较为重要，意味着能够获得英国勋章。”[14]

收到邀请后，客人可以选择八首音乐，从二十世纪五十年代后期开始，他们还可以选择一件奢侈品、一本书或一套书籍。他们可以带着这些物品去荒岛。罗伊·普朗利从来没有去过荒岛，甚至都没有做过研究。英国广播公司曾经试图派他去一个荒岛，但他拒绝了，因为那里有毒鱼、毒浆果和螃蟹。即使去荒岛能够增加听众，他也不希望冒险，在这一点上，他表现得非常明智。嘉宾通常会被问到他们在岛上如何独自生活，但该节目似乎想通过荒岛生存传达这样一种信念，即以荒岛为舞台，受访者能够以自然的视角回顾他们的人生。（城市）人如何应对鲁滨孙·克鲁索的荒岛生活这个话题，似乎对很多人都有吸引力。即使许多名人一开始就很诚实地承认，他们在这种情况下存活的概率非常小，并且剩下的时间只是进行一些引人深思的对话，人们仍然愿意看。

与《荒岛唱片》中大部分流浪者不同，杰拉尔德·金士兰想成为“鲁滨孙·克鲁索”，他在伦敦的一本杂志上刊登了一则广告，想要寻找“在无人的热带岛屿上居住的夫妇或者单身之人”。[15] 他可能想要效仿著名的流浪者，但他不想遭遇海难，然后漂泊到满是岩石的海岸上。然而，他像亚历山大·塞尔柯克一样，漂泊了三次，他曾在科科斯岛（Cocos Island，哥斯达黎加太平洋海岸以西约 550 公里）、鲁滨孙·克鲁索岛（胡安·费尔南德斯群岛中最大的岛，南美洲以西约 675 公里）和图因岛（位于托雷斯海峡，距巴布亚新几内亚 110 公里）上尝试开始新生活。他幸存下来了，但也失败了，要么是因为这些岛屿被频繁地造访，阻碍了他的正常生活，因此乌托邦不能实现；要么就像在图因岛时一样，他和他的同伴露西·欧文无法在严酷的环境中生存。

为了宣传他的亲身经历，他辛勤写作，但真实性令人怀疑，因为他承认他尝试在书中创造角色。欧文和金士兰把他们在图因岛上的生活描述得很有见地，但后来他们希望赚更多的钱，就开始编造冒险故事。更重要的是，他们也难以摆脱“岛屿人格问题”，这个问题在小岛上会暴露、放大、变得站不住脚，但在不太紧张的环境中或许可以解决。最后的漂流时光对金士兰来说是一种安慰，虽然在图因岛和欧文岛过得失败，但他在邻近岛发挥了机械方面的技能，因而获得了当地人的尊重和重视。

虽然自愿在图因岛上求生是一种“无情的忍耐行为”，但他们却成了为现代极端冒险家的先驱。这些冒险家有目的地寻求岛屿求生体验，为了测试身体和情感力量的极限。罗卡尔岛面积为 750 平方米，海拔为 17 米，位于苏格兰外赫布里底群岛以西 400 公里处。夏季，该岛会连续几天遭受海浪的侵袭，而冬季则完全被大海淹没。1985 年，前英国第 22 特别空勤团和降落伞团的军官汤姆·麦克莱恩（Tom McClean）在罗卡尔岛度过了四十多天，他住在一个高 150 厘米、长 120 厘米、宽 90 厘米的胶合板盒子里。他坚称他的目标是进行地缘政治活动——占领该岛足够长的时间以促使英国对罗卡尔岛宣示主权，否则爱尔兰、冰岛和法罗群岛就会宣示主权。在极限冒险比赛的历史中，一个绿色和平组织为了反对对该地区进行石油勘探，占领了该岛四十二天，但未打破麦克莱恩的纪录。然而，2014 年 7 月，尼克·汉考克在一个看起来像化粪池的强化塑料救生垫中住了四十五天，打破了麦克莱恩的纪录。

我并不喜欢这些活动。麦克莱恩似乎沉迷于帝国主义末期剑拔弩张的男子气概；而汉考克之所以给世界留下深刻印象，不过是因为利用了太阳能电池板、风力涡轮机、卫星电话和增强型笔记本电脑发博客、信息，把他的经历分享给了人们。

小岛并不能治愈我们在陆地上的心理创伤。相反，岛屿只能给生活提供一个短暂的避风港，随着居住时间的增长，人性的弱点会一点点暴露。糟糕的经历必将“搅浑”未来的生活。

汤姆·尼尔的故事

如果说有什么能治愈这种心理创伤的，那就是 1966 年出版的《一个人的岛》(*An Island to Oneself*)，该书描述了汤姆·尼尔（Tom Neale）在苏沃洛夫环礁的安克雷奇岛（Anchorage Island）上的独居生活。[16] 1944 年，罗伯特·迪恩·弗里斯比也描述过在该岛上的生活；1957 年，小詹姆斯·洛克菲勒（James Rockfeller Jnr）谈到过他在安克雷奇与尼尔会面；1980 年，詹姆斯·西蒙斯（James Simmons）造访过环礁，在尼尔去世前，曾在拉罗汤加岛（Rarotonga）和他碰面；还有安克里奇岛的居民也说过一些尼尔的轶事。[17] 这些信息是对尼尔经历的补充。

安克雷奇的面积约为 300000 平方米，海拔为 4 米。距纳索岛（Nassau Island）320 公里，距马尼希基 385 公里，距库克集团的中心拉罗汤加 930 公里，距最近的航线 500 公里。环礁上有二十个岛屿，中间有一个浅潟湖，周围环绕着珊瑚礁，面积约为 225 平方公里。

该岛无人居住、无人参观且没有合适的航运港口，五十年前，费尔奇·克里斯提安和宝蒂船的船员在皮特凯恩岛的（Pitcairn Island）情况也是这样。我们并不知道欧洲人是什么时候发现苏沃洛夫环礁的，但俄罗斯人在 1814 年去过那里，似乎认为那里不重要。和许多远离贸易路线的孤立岛屿一样，苏沃洛夫有着一段浪漫而不可思议的历史，弥补了岛屿面积小的不足，故事元素包括漂流者、海岸警卫队、埋藏的宝藏和采珠人。小洛克菲勒声称在那里挖掘出了价值一万美元的墨西哥货币。

此后，这座岛就销声匿迹了。1888 年，英国占领了苏沃洛夫，想把它建造成有线电视台的站点，一年后，与库克群岛的其他岛屿一起归新西兰管辖。在第二次世界大战之前，安克雷奇岛被两名新西兰人和他们的三名库克岛民助手占领，他们扮演着海岸观察员和无线电操作员的角色，在岛上种植椰子，再从椰子仁中获得椰油。在很长一段时间内，该岛是玛尼比岛（Manihiki）的采珠人的大本营。汤姆・尼尔到达后，岛上还剩下一些人类使用过的物品，包括一个杂草丛生的棚屋和仓库、用于从屋顶取水的水箱（总容量约为 5000 升）、一个花园遗迹、五头野猪（可能会威胁到他的种植）、一群可能更有用的野鸡、一艘破船和一个损坏的码头。

尼尔独自在那里度过了十五年。从 1952 年 10 月到 1954 年 6 月，只有两艘游艇经过，打破了他孤独的生活，而从 1960 年 4 月到 1963 年 12 月，六艘游艇曾停靠在安克雷奇岛。1967 年 7 月至 1977 年 5 月是一个“更加繁忙”的时期，因为即便他不情愿，人们还是把他封为著名的“苏沃洛夫隐士”，赢得了世界更多的关注。

尼尔于 1902 年出生于新西兰，作为一名海军工程师学徒在太平洋上旅行了四年，直到 1924 年为自己赢得了自由身。他做过零工，并在岛际贸易船上工作过，1928 年返回新西兰短暂停留后，就一直住在塔希提岛（Tahiti）和莫雷阿岛（Moorea），直到 1943 年才离开。要是在一百年前，他就是海滩流浪者。就像海滩流浪者一样，他知道如何制作和建造东西，他是一位富有想象力的即兴创作者，他可以自给自足。

1943 年，他在库克群岛的拉罗汤加岛当救济站长，在那里他遇到了罗伯特・迪恩・弗里斯比，这个人身兼多职，是作家、旅行者、流浪者和四个孩子的父亲，他一生的大部分时间都在太平洋上一个与世隔绝的小岛上生活。他用自己的故事启发了尼尔的想象力，最终弗里斯比告诉他："苏沃洛夫是地球上最美丽的地方，在他之前没有人在那里真正生活过。"[18] 弗里斯比描述的图景深深地刻在他的潜意识里——一个美丽而偏远的岛屿，他可以在那里安家。1945 年，当海岸观察员换了一批人后，他乘坐贸易船造访了安克雷奇岛，那里的宁静和孤独让他想在那里生活。但他需要七年时间才能实现他的目标，到 1952 年底，尼尔才说服库克群岛的新常驻专员，让他在安克雷奇岛上生活。

尼尔携带了他认为在环礁上生活必不可少的物品：煤油、肥皂、火柴、砍刀、鱼矛、毯子、沙滩鞋和几件衣服；为了方便生活，他还带了茶、咖啡、糖、面粉、发酵粉、猪油、牛肉、大米、烟草、黄油、盐、调味品、锉刀、钓鱼用的钩和线以及图书。他还带了许多建造花园所需的工具、材料和种子，以及一些家用物品，如压力灯。但他遗漏了重要的柴炉、带刺的长矛、筛表土的筛子，以及用于给破船填缝的材料。

该岛位于赤道以南十二度，整个岛屿树木茂盛，有着非常典型的潮湿的南太平洋环礁。岛上主要的植被是未成熟的椰子树、棕榈树、栀子和木槿，也有一些成熟的椰子树，还有当地独有的树和植物。可食用的水果有木瓜、面包果和香蕉。尼尔可以毫不费力地钓到鱼，而且有时能吃到燕鸥蛋。即使在有短暂热带风暴的夏季，岛上的淡水也很充足。现有的小屋遮光良好，他重新整修后更加舒适。他自己修建了一个花园，但缺少化肥，更让人头疼的是陆蟹、野猪经常捣乱，而且岛上没有可以授粉的昆虫。

尼尔的做法与金士兰和欧文类似，当初他们想在图因岛上生活一年。图因岛离昆士兰海岸很远，没有永久的水源，岛屿上旱季的时间长，海域中有有毒的珊瑚和石鱼，因此捕鱼变得困难且充满危险。金士兰和欧文准备了两公斤干豆子、一公斤粥和四公斤大米，还有两包干果以及其他的食物，他们以为这些事物能维持到果园产果。他们还有一把斧头、一把弯刀、一把铁锹和渔具。他们经常住在小帐篷而不是废弃的铁棚里。

尼尔住到安克雷奇岛上时已经五十岁了，他在热带地区的生活经验丰富，为了在一个物资有限的环境中生活，他制定了详细的计划，准备充分。他喜欢独居，不会被孤独打倒。他最关心的问题是，他能否在最高海拔仅为 4 米的岛上抵御飓风，他的前辈罗伯特·迪恩·弗里斯比曾和家人一起经历过几乎致命的飓风。

尼尔的文风就像他本人一样实事求是，但并不生硬，并且避免了这类写作中原始主义和浪漫主义的陈词滥调。相比于别的没有写作经验的人来说，他的作品有一种天真无邪的敏感和无意识。作品出版后，他可能得到了英国记者、旅行作家和小说家诺埃尔·巴伯（Noel Barber）的帮助，巴伯在第二次去安克雷奇岛时探望了尼尔，并鼓励和协助尼尔写作。《一个人的岛》的简介是巴伯写的，但内文有多少是他写的，就不得而知了。无论如何，如何描述岛屿体验更为重要，这部分描述至少是真实的，紧紧围绕着尼尔和安克里奇岛。

与计划仅停留三个月的弗里斯比不同，尼尔没有限定离岛日期。他在书中暗示了，只要还没有因为年老而丧失生活能力，他就会留下来。当带他去安克雷奇岛的帆船离开时，他承认："我已经十几次想象这一画面了，我常常想知道在与外界最后一次接触时，我会是什么样的情绪。我原本以为自己会有些沮丧，也曾想过可能会突然涌起一股近乎可怕的孤独感。但是现在船要离开了，我只感到不耐烦，这艘船竟然花了这么长时间下海。船开远后，我立刻脱下短裤，象征性地挥手告别。从那一刻起，我再也没有穿过那些短裤。”尼尔就这样穿着象征着自由的腰布，立即出发去探索他的岛屿。

他的岛屿“大致呈舌状，最宽处只有约 274 米。当我站在海滩上时，一眼就能将其尽收眼底”。但在最初的探索中，他并不想在岛上悠闲地散步，他要找出椰子长势最好的地方，寻找最好的表土，检查浅水区域，寻找最好的钓鱼区域。

他刚到安克雷奇岛，就想将岛屿变为生产单位，这是一种工匠般的务实主义精神。他能干、足智多谋、精力充沛，并且决心按照周密的计划开发这座岛屿。就像笛福和图尼尔笔下的鲁滨孙一样，在岛上生活的初期，他十分痴迷于为不确定的未来做准备。他用火山岩制作了一个烤箱，建设了道路网。他捕获并圈养了野鸡并杀死了野猪。他钓鱼、捉龙虾并收集海鸟蛋。由于没有蜜蜂授粉，他学会了如何用手为植物授粉。要做的事情太多，他没有时间感到孤独。

他知道他将老习惯带到了安克雷奇岛。“一开始，我不喜欢烹饪（只是因为浪费时间），因为我无法真正适应这种新生活的节奏，其实我无须着急。我本能地想尽快完成工作，有时候我也会有一些忧郁的想法，觉得我永远不会建造起花园和家禽圈。”

在最初的几个月里，他快速地修建岛屿生活必备的基础设施，因为雨季即将到来，届时如果他没建好设施，房屋可能会倒塌。而且最重要的是，飓风季节会在他抵达后不久就到来。他从弗里斯比那里了解到飓风可能会和风暴潮一起席卷整个安克雷奇岛。1942 年，飓风曾将树木连根拔起，破坏了珊瑚礁，冲走了许多小岛，相信十年后其破坏力依旧惊人。

在全神贯注地努力建设岛屿的过程中，他觉得时间似乎消失了，“我每天所做的事情都差不多，早上醒来，我想着自己是多么幸运，每一天都充满满足感。如果天气好，我会为自己沏一壶茶，然后带去海滩喝。我会坐在那里，风吹过树冠弯曲的棕榈树，簌簌作响。有时我会生火为小猫做晚饭。有时晚上会非常安静，我可以听到自己的呼吸声。”

然而，这里并不是人间天堂。他发烧了，他经历了“一个高度情绪化的阶段……因为岛上完全没有烟草，对肉类的渴望和无法忍受的鱼腥味使我更难受”。他在海滩上走来走去，情绪低落，闷闷不乐。然而，不到必要时刻，他不愿意杀死任何生物。他还描写了驯服野鸭、在梦境中被“杀戮思想”折磨的敏感场景。他的解决办法是拒绝亲手喂鸭子，以免抵挡不住诱惑，但鸭子不吃他留在地上的食物。最终这只鸭子消失了，让尼尔感到了“无限的厌倦和沉闷”。他不得不杀死野猪，不是因为对肉的渴望，而是因为它屡次破坏他正在建设的花园。他在书中是这样描述的：“我不再是猎人，我只是一个五十一岁的老人，独自一人在环礁上。我慢慢地走回家，决定第二天埋葬这只动物。地球上没有任何动物可以诱使我吃掉它的任何一部分。”

作为敏感的环保主义者，尼尔将他在岛上种植椰子的行为描述为“偿还苏沃洛夫的幸福债务”。椰子通常只会在极少数情况下生长——果实被风暴吹掉，漂过环礁湖并重新进入地里。而就在他努力“回报”岛屿的时候，他的背部已经麻木了。幸运的是，二十一个月后，又有一艘船到来，挽救了他的生命。

受伤后，尼尔离开拉罗汤加岛，1960 年，也就是六年后，他又回到安克雷奇岛，这深刻地反映了他与岛屿之间的深厚感情。当时因伤要离开岛屿时，他躺在邻近礁岛的海滩上，内心做着激烈的斗争，“与其说是一种本能的自我保护意识，不如说是一种对我自己的小屋的渴望。那是我唯一的家，我必须到达那里……回到岛屿上生活是一种本能。”和图尼埃的鲁滨孙一样，尼尔对家的爱因即将分离而变得更加强烈。救援人员的态度与此形成了对比，对他们来说“岛屿体验不过是一段精彩的插曲，或一段回忆……对我来说，这座岛不是一种冒险体验，而是一种无限大的事物——一种完整的生活方式。所以，如果我不得不离开苏沃洛夫，那么最后几周我要独自度过”。

救援人员按照他的意愿将他独自留下，起航去寻找一艘船来救他。但当马尼希基帆船抵达时，他又迫切地希望时光能够倒流，好寻找借口留在岛上。“我只是不想离开。我感到很绝望，我这辈子最不想做的事情就是离开。”

六年后，得不到新西兰政府的支持，他只得租了一艘船，驶向苏沃洛夫环礁，“我回来是因为我无法远离那个地方，我爱苏沃洛夫的理由就是这样简单。”的确，安克雷奇岛的召唤如此强烈，虽然他在书中没有提及，但他并不后悔将妻子和孩子留在拉罗汤加岛。

他似乎渴望改变岛上的生活。因此，当他沉醉于重新回到往常的生活模式时，他意识到如今不必完全按照以前的模式生活。就像鲁滨孙在爆炸摧毁了他所有的成果后的顿悟一样，尼尔突然意识到，“我第一次到达苏沃洛夫，将半生所学付诸实践的做法失败了……那时我为我的岛屿感到自豪，我想立刻做完所有的事情。讽刺的是，我一直想逃离现代都市的喧嚣和快节奏，却将它们带到了岛上的生活中。”

他辛勤劳作，将岛屿发展成一个“净生产单位”。即使在这个弹丸之地，他还是将原本简单的生活复杂化了。他回忆起鲁滨孙在离围栏几公里的地方建了茅屋，于是他决定在附近的墨脱托岛（Motu Tuo）上建一个舒适的小屋，好到那里躲避劳动的冲动。

尼尔身体健康、精力充沛，他不愿意去多想衰老和独自死去。但没想到好景不长，1963 年 12 月，一群采珠人从马尼希基岛来到这里，并打算停留几个月，也许未来的几年还会来。尼尔注意到他的淡水减少了，海滩上到处都是垃圾，岛上的宁静被打破了，想永远平静地生活在岛上的想法太天真了，"天堂"突然就变成了"地狱"。所以他找了个合适的机会，前往拉罗汤加岛。[19]

此后，尼尔似乎无意返回安克雷奇岛。他重操旧业当起站长，并且从容地回归了家庭生活。他打算写岛屿回忆录，甚至有安顿下来的想法。《一个人的岛屿》一出版就在新西兰和澳大利亚畅销，并很快在其他地区有了稳定的销量。重温经历时，他感到无限怅惘。除了苏沃洛夫环礁，他可能无法在别的地方生活三年。该书的版税丰厚，尼尔不必急于寻找工作，对他来说，工作肯定是一种折磨。

很多人读了他的书，并且被深深吸引。海洋学家亨利·斯托梅尔写道："作为一个岛国人，我发现这本书引人入胜。它就像一个迷人的梦——在遥远孤独的苏沃洛夫环礁的白色沙滩上，海浪拍打着远处的礁石，宁静至极。当我在库克群岛的人口普查中读到，1971 年苏沃洛夫岛仍然只有一位居民时，我想知道那会是谁。"[20]

斯托梅尔不知道的是，《一个人的岛》出版后，尼尔又回到了他的岛屿，而且在 1971 年的人口普查中，他就是"那个人"。

他再次背井离乡，于 1967 年 7 月回到安克雷奇岛，并在那里待了十年。这一次他和采珠人一起工作，他们离开后他继续留在那里。詹姆斯·西蒙斯在他去世前造访了在拉罗汤加岛的尼尔，并于 1980 年去了苏沃洛夫岛，为还原尼尔这些年的生活找到了很好的素材。

1952 年尼尔第一次抵达安克雷奇岛时，只带了基本的物品。他几乎用上了所有东西，而且十分后悔自己忘记带了几样。十五年后，他带着两艘船、几桶燃料、坚固的建筑材料和大约四十箱个人物品登陆。尼尔还与他的读者分享他对孤独之美的热爱，现在他们和他一起分享岛屿，感受在“天堂”里的感觉，享受够了就轻松离场。他这个自愿流浪者经常被描述为“漂流者”或“隐士”，已经在太平洋一隅成为名人，其他的岛屿流浪者还会因拜访他而获得荣誉和声望。[21]

尼尔可能后悔当了邮局局长，拉罗汤加当局希望利用他促进库克群岛的旅游业发展，将库克群岛描述为“地球上最后的避风港”，并将苏沃洛夫岛视为一个潜在的“邮票岛”。但邮局局长的职责和读者无穷无尽的问题以及索求纪念品之类的要求让他无所适从，岛屿上有很多“粉丝”寄来的信，尼尔发现他很难再回到以前的生活。原本他在岛屿上只关心现实问题，但现在他“发现自己越来越关注世界上每个月都发生了什么，他二十世纪七十年代的信件中充满了相关的表达。尼尔已经成为名人，即使是苏沃洛夫环礁也无法让他拥有隐私权或者回归心灵的平静。他的生活已经永远改变了”。[22]

版税能让他舒适地生活，他的女儿拜访过他两次，但他总是抱怨访客的到来。他悲伤、无奈地认识到，自己的隔绝状态和悠闲状态被打破了。然而，尽管尼尔抗议这些，但随着年龄的增长，他也许会从“智慧的岛屿老人”这一身份中获得满足感。尼尔为造访的游客带来了丰富的人生体验，而这些游客却不知道尼尔的烦恼。

据游客描述，他每天忙忙碌碌，生活中充满仪式化的安排，而到了晚上，他会成为一个善于讲故事的人。[23]1974 年至 1977 年，住在萨摩亚的肯尼斯·沃格尔（Kenneth Vogel）写信给我说：“在航行季节，尼尔小小的‘海港’成了许多帆船的停靠港。人们会给他带来礼物，他会用新鲜的蔬菜和故事作为回报。这确实令人愉悦。我记得有一些晚上，我们只是坐在沙滩上看日落，沉醉于他的沉思中。”

1977 年 5 月，一艘游艇发现得了重病的尼尔，便将他送往拉罗汤加的医院，在那里他被诊断出癌症晚期，并于 1977 年 11 月底去世。苏沃洛夫岛现在是一个野生动物保护区。由于这座岛屿在太平洋帆船爱好者之中广受欢迎，鸟类和鱼群的生存环境受到破坏。1985 年，政府派遣看守在岛上扎寨，飓风季节来临时，他们会限制来访的游艇停留不得超过三天。

用心理学来解释尼尔的动机和经历很有意思：他是一个隐士，一个在社会中感到不安的人，他寻求极端的隔绝来逃离城市生活，这是一种对世界几乎病态的反应。当然，虽然许多人可能羡慕尼尔在安克雷奇岛的宁静生活，但很少有人会享受尼尔所珍视的孤独。但在他过去的人生中、他的书中或人们对他的评价中，没有任何内容表明他是一个真正的隐士。事实上，他承认他从来都不是一个有“自虐倾向”的人，他的经历不符合隔绝的一般概念。他（两次）非常轻松地离开家人返回岛屿，并解释说家人会干涉他在苏沃洛夫岛上的自由，这一切表明他只是那个时代的产物，而不是一个隐士。当然，他也为此付出了代价——1972 年的离婚。

我们现在只能粗略地探究他的动机，但从他的背景上来看，似乎没有什么证据表明他到岛上生活是为了逃离大陆生活的焦虑。不出所料，得益于他的著作取得的成功，即使在他去世四十年后，当地人仍然记得他，但并不完全是出于认可。网上有人说：“许多拉罗汤加岛的居民都知道他的轶事，并且对他有看法，似乎认为他的书是别人代写的，将他塑造成一个更加理智的人。其中一个人的看法是，他的脾气异常暴躁，孤岛是他唯一的归宿！”没有迹象表明他具有与世隔绝的隐者气质。[24]

通过了解尼尔，可以得知他的岛屿生活虽然不同寻常，但却是合乎自然的，他只是做了爱岛者渴望的事情，这些事情只是充满了浪漫的想象。他在安克雷奇岛独居生活的愿景可能看起来很浪漫，但他以一种完全务实的方式实现了它——通过自给自足的方式建造一个新世界。苏沃洛夫环礁是经过精心挑选的，符合尼尔所熟知的太平洋的“人间天堂”的形象，因此十分适合尼尔。几乎每个遇到他的人都很少谈论他的特别之处，而只是谈论他的平凡。诺埃尔·巴伯是一个曾停靠在安克雷奇岛的船只上的船员，他认为尼尔“谦虚、安静、聪明、极具幽默感，对世界上所发生的事情充满好奇”。另一位访客形容他“只是一个普通的、倔强的小店主，在这里他孤零零地生活了十八个月”。[25] 正是由于这种“独特的平凡”使他能够实现自己的梦想，被人们永远记住。

尼尔在安克雷奇岛的生活证实了生物学家眼中的岛屿生活：岛屿很小，只有几公顷，而且资源极其有限。尽管容易受到海洋飓风的影响，但气候有利于户外生存，降雨充足，有大面积的植物以及早期人类居住的遗迹。尼尔似乎很了解自己，用现代的话来说，他“处世自然，非常舒服”。他计划得很好，提前练习自给自足的技能，并以理智的方式应对挑战。他很好地适应了环境并且自给自足，尽管如此，从踏上这座岛的第一天起，他就注定是脆弱的，因为他的幸福建立在岛屿的偏远和与世隔绝之上，一旦被外力打破，岛屿上的生活将轻易地被改变。

正如我们将在下一章中讲到的，这种脆弱性和易变性是岛屿历史上经久不衰的主题。

第三章 脆弱的地形

小岛可以“凭空产生，也可以一夜之间消失”，借此可以窥见地球的命运。岛屿的产生和毁灭都在一瞬间，并且不受地形学的时间维度的制约，所有这些都激发了我们的想象力和好奇心。眨眼间，它们就出现了，再一眨眼，它们就消失了。如果一群小岛从地平线上消失，人们很容易认为它们可能根本就没存在过。因此，W·萨默塞特·毛姆（W. Somerset Maugham）在他的短篇小说《四个荷兰人》中描述了这样的小岛："小岛吸引着我，因为我知道我再也见不到它们了，这使小岛如梦幻般令人惊奇。当我们驶离小岛，小岛消失在大海和天空中时，我只能通过想象说服自己，它们永远在那里。”[1]

在毛姆的想象中，岛屿出现在地平线上便是存在的，落入地平线后便不复存在。我们能理解这种主观反应，因为岛屿确实可能会消失，这很令人沮丧。它们的存在取决于创造力量和破坏力量之间的不稳定的平衡，因此小岛这种地形是不确定的。这种偶然性体现在诸如浅滩、平地、沙洲、沙坝、岬岛和礁石等地形之中，它们近乎岛屿，它们有时在那里，有时又被淹没。岩石、珊瑚礁和低岛能组成小岛，它们聚集在一起，以岛群、岛链、环礁和群岛的形式存在，起到自我保护的作用。但即便如此，小岛仍然是脆弱的。即使远离人世可以保护岛屿免受人类的影响，但因为它仅存在于一小块陆地之上，它的改变可能比大陆更彻底、更突然。

岛屿的昙花一现可以追溯到四世纪柏拉图对亚特兰蒂斯的描述，这一事件催生了大量的科学和伪科学研究。现在，人们对传说或神话的兴趣并没有减弱。柏拉图认为亚特兰蒂斯位于大西洋的大力神柱以西，尽管无数乐观的探险队搜查过那里，尽管人们写了大约两千本相关书籍，但人们没有发现任何证据来证明它的存在。在亚特兰蒂斯的研究人员眼中，它像南极、亚速尔群岛加勒比海一样遥不可及，它可能靠近科林斯湾和圣托里尼岛，在撒丁岛、西西里岛、特洛伊、玻利维亚之间，在斯里兰卡和印度之间，在爱尔兰、克里特岛、马耳他、土耳其的坦塔利斯、安达卢西亚、黑海、芬兰南部、古巴海岸、巴哈马群岛附近……毫无疑问都是遥远的地方。

一个岛屿的诞生

很多岛屿并不是在距今最遥远的地质时期形成的。相反，它们的形成距今不久，且具有旺盛的生命力。最近（即晚更新世，距今 120000 年至 10000 年），地球上形成了大约一百个火山岛。这些岛位于地壳不稳定的地区，大部分岛屿存在的时间很短。在公元前 1600 年至公元 1866 年间，锡拉岛（Thera，现在的圣托里尼岛）至少经历了八次岛屿的井喷时期。最近的研究表明，公元前 1600 年的火山喷发可能造成了气候变化，导致米诺斯文明衰落。

1831 年，在一个以“短命”闻名的火山群岛上，朱莉亚岛（Julia

Island）在西西里岛（Sicily Island）的南部形成了。持续的火山活动可能会形成一系列新岛屿，并破坏欧非地缘政治的稳定，各国就朱莉亚岛的主权问题展开了争论，直到次年，朱莉亚岛沉入海平面以下。2006年，对这一地区火山喷发后的调查表明，朱莉亚岛仍然位于海平面以下6米处。[2]

无独有偶，据报道，2013年巴基斯坦发生了一场毁灭性的地震，一群聚集在瓜德尔附近的居民目睹了一座岛屿冲出海面，随即又被淹没的场景。

但有一些岛屿顽强地存在着。自1950年以来，所罗门群岛的卡瓦奇岛（Kavachi Island）曾有九次出现在海面之上。同样，冰岛附近由火山喷发形成的叙尔特塞岛（Surtsey Island）也引起了媒体的极大关注，科学家们争先恐后地登上岛屿。2009年，在汤加的首都努库阿洛法西北65公里处，约三十五座海底火山喷发，形成了大面积的岛屿。在地壳板块不稳定区域（太平洋的火山带），一个由一百七十座岛屿组成的数百平方公里的群岛，仅在一周内就出现——一周时间足以让思维敏捷的企业家开发火山观光业务。

2005年，在世界的另一端，人们在东格陵兰的利物浦发现了一个手指状的岛屿，由于全球变暖它从冰层下出现。有一家探险公司推出了“观岛第一人”的旅游项目，并将该岛命名为“变暖岛”。未来这种岛屿会更多。

在法国西部的吉伦特河的入海口，因洋流的顶托作用形成了沉积岛，起初只在低水位可见，到2009年3月上旬，植被长出来了，这说明它在涨潮时没有被水淹没。一个岛屿诞生了。

当地人称它为“神秘岛”，但也有人更通俗地称它为“无名之岛”。

它涨潮时的面积大约有足球场大小的两倍，退潮后的面积则比涨潮时大十倍以上。它的存在岌岌可危——2010年年初，它被风暴摧毁成两半，一米高的植被被连根拔起。但后来它自我修复了。生态学家、科学家、环保主义者和政治家都因这座岛而兴奋不已。科学家们想在这个“自然实验室”中研究人类是如何开发一块新土地的。当地的政治家认识到生态旅游的潜力，因而倾向于支持这一点。他们认为应该通过立法创立岛屿保护机构。

但当地企业家的胃口已经被吊起来了。鲁瓦扬有“水上的士”服务，虽然只有6公里，但却吸引了来自巴黎及其他地方的游客，有时岛上能同时有二百多人。岛上剩余的植被正在被人们踩踏。岛屿上也有通宵狂欢，“沙滩派对党”甚至声称十五年前人们就到这里来玩了。

该岛小巧且交通便利，已从海中浮出水面，脆弱、易被破坏。作为一个新的岛屿，它激发了公众的想象力，部分是出于其地理特色，部分是出于人们丰富且强烈的激情。神秘岛有可能消失，也可能像十八世纪出现在吉伦特河口的新岛一样仍然存在，人们为此争论不休。[3]

法国北部不远处就是圣米歇尔山，岛上有一座中世纪的修道院，是法国仅次于巴黎的旅游胜地。这座岛（我谨慎地用“岛”这个词，因为除了特殊情况外，它由一条滩涂连接着大陆，很快便会建成一座桥）争议不断。1884年，维克多·雨果惊呼：“圣米歇尔山必须仍然是一座岛屿。我们必须保护它，使其免遭破坏。”从那时起，岛与陆地之间建了一座堤坝，潮汐被改道，在岛附近造成泥沙堆积，只有涨潮时人们才能疏通泥滩。海水涨潮，将圣米歇尔山困成孤岛的景象最近一次出现是在2013年7月，是一百三十四年以来第一次出现。专家认为在未来四十年里，泥沙就可以被永久地疏通了。

该地区制定了一个为期六年、耗资两亿欧元的计划，该计划旨在通过建造一座大坝来改变多年的泥沙堆积的局面，该大坝将利用河流和海水冲走 300 万立方米的泥沙。预计该项目将会导致圣米歇尔山每年变成孤岛的景象达到九十多次。从表面上看，这似乎并无争议，然而，它导致了政治斗争、法庭案件、罢工。

拟议的开发项目包括禁止在修道院周围的盐滩上停放汽车和建设基础设施，特别是在“大陆”（当地人称之为邻岸）上建造停车场和行驶公路列车，否则当地商业集团开发的利润丰厚的旅游项目将无法进行。该岛市长声称，备受争议的停车费只有富豪才能支付得起。

与生俱来的脆弱性

岛屿的形成速度似乎不遵循地形学的时间维度。它们的毁灭是迅速的、灾难性的。加勒比海和南太平洋的岛屿特别容易遭受飓风、气旋和火山爆发等自然灾害的侵袭。在库克群岛，托卡岛（Toka Island）在 1914 年被海啸卷走，汤姆·尼尔和罗伯特·迪恩·弗里斯比曾对此进行了恐怖的描述，他们都曾在安克雷奇岛的飓风中幸存下来。图瓦卢是由七个环礁组成的岛屿，但在二十世纪九十年代，一系列气旋将其中一个环礁完全淹没。

1391 年，位于冰岛和格陵兰岛之间的斯克列岛（Skerries Island）上有十八个农场，1507 年荷兰地图将其标示为神秘的“totaliter combusta”据传说这座岛被烈焰烧毁。我们永远不知道岛上的居民发生了什么，但是我们知道，有些岛屿在 1946 年汤加和 1960 年瓦努阿图的火山爆发中消失了。1980 年至 2000 年间，马里亚纳群岛的几个岛屿因剧烈的火山活动而分离。其中包括阿纳塔汉岛（Anatahan Island）、阿拉马甘岛（Alamagan Island）、阿格里汉岛（Agrihan Island）和帕甘岛（Pagan Island）。

位于南大西洋的特里斯坦 - 达库尼亚群岛也遭遇了类似的命运。这里距圣赫勒拿岛（St Helena）约 2000 公里，距开普敦约 2800 公里，号称是世界上最偏远的有人居住的群岛，人口约二百七十人，唯一定居点是七海的爱丁堡。岛上没有机场，也没有天然港湾。1961 年，一座长期休眠的火山爆发引起了强烈的地震，在位于七海的爱丁堡造成了岩石滑坡，灯塔后面裂开了一条巨大的缝。岛民们被疏散到岛上的其他地方，然后又移到了 35 公里外的南丁格尔岛（Nightingale Island）。从那里他们又被转移到了开普敦，然后到了英国。1962 年，岛民强烈要求返回小岛，于是皇家学会调查了火山喷发对居住地和基础设施的影响。一些岛民在那一年返回小岛，其他人则在 1963 年返回。[4]

小岛的空间有限，人口和经济生产中心往往位于脆弱的沿海地区，这与生态系统有着密切的联系。对环境进行人为干预十分困难，使得岛屿生产力更为低下，也更加不适合居住。例如，稳定的海岸线会保护内陆的地下水位，但当海岸被侵蚀、海平面上升时，水源很容易盐化。海岸线与陆地接触的面积很大，使岛屿很容易受一系列海洋和气候的影响，而全球变暖又加剧了这一影响。据联合国称，在二十五个小岛国中，有十三个被认为是全球最容易发生灾害的国家。

小的岛屿不会产生自己的气候模式，而一些岛能进化出防御飓风和气旋的生态系统。例如，有的岛屿会在频繁的飓风之后产生再生林。人类农业的干预加快了岛屿的防御进程，一般情况下，糖类等作物对飓风的抵抗力相对较高，而香蕉等作物则不然。

飓风是加勒比海的岛屿上最严重的自然灾害。1955 年，格林纳达岛（Grenada Island）最大的产业——肉豆蔻种植业在飓风过后一蹶不振。圣卢西亚（St Lucia）的香蕉种植园于 1980 年被毁，多米尼加（Dominica）的五百万棵树木也被摧毁。1988 年，牙买加的飓风吉尔伯特造成的直接损失将近十亿美元，其中还不包括对自然资源的连带破坏。据媒体报道，1995 年，路易斯飓风摧毁了圣基茨和尼维斯（St kitts and Nevis）百分之七十五的建筑物。[5]

六十多年前，飓风从加勒比海东南部的蒙特塞拉特岛（Montserrat Island）附近经过，因而它不再被视为“飓风岛”。但 1989 年 9 月，飓风横扫了全岛。据估计，岛上三分之一的建筑物被毁坏，三分之一被严重毁坏，剩下的三分之一受飓风影响较小，但随后被大雨淹没。大部分供应需要通过防波堤运输，但仅重建防波堤就需要一年时间。能带来重大经济效益的“别墅旅游”项目在几个小时内就被横扫干净，即将到来的“飓风旅游”将在短期内替代“别墅旅游”。世界知名的音乐工作室被迫关闭。农产品出口贸易在一夜之间消失了。备受争议的“黄铜板”国际银行业务现在只不过是黄铜板而已，其中一些业务正因涉嫌洗钱而被英国反欺诈小组调查。岛上的首席部长估计蒙特塞拉特需要十五年才能完全恢复。

但这座岛撑不了十五年了。1995 年 7 月 18 日，距飓风袭击后不到六年，该岛中南部的苏弗里耶尔火山开始爆发，使得 300 平方公里内的岛屿仅剩下三分之一可以居住。到 1997 年 8 月，首都普利茅斯的医院、机场和议会大楼等基础设施都被摧毁。大约三分之二的人口被迫离开，大多数人前往英国或邻近的安提瓜岛（Antigua Island），人口从 1994 年的一万三千人减少到目前的约五千人。自 2010 年以来，火山活动一直相对平静，当时机场的残迹被熔岩掩埋，一些岛民返回。也有一些人从灾难中获利，如开发地热能、开采灰烬和沙子、将普利茅斯打造为“加勒比的庞贝城”供人游览。但岛上有一半以上是禁区，重建期间经济停滞不前，火山时不时喷发。毋庸置疑，这座岛的未来是脆弱的。[6]

不断变化的气候和生态

2007 年 4 月，《时代》杂志报道，巴布亚新几内亚以东的卡特雷特岛（Carteret Island）的人口已迁移到新岛地势较高的地方。同月，《纽约时报》报道，喜马拉雅的洪水淹没了一些位于印度和孟加拉的孙德尔本斯地区的三角洲岛屿，之前也有几个岛屿被完全淹没。原因主要如下：热带风暴增多以及潮汐增高。[7]

全球变暖形势严峻，为很多海拔较低的岛屿和岛屿国家敲响了警钟。奥克尼群岛（Orkney Islands）、澳大利亚大堡礁、弗里西亚群岛（Frisian Islands）和佛罗里达群岛（Florida Keys）等地未来可能会消失。2015 年，在巴黎举行的联合国气候峰会同意，将全球平均气温升幅限制在比工业化前高两摄氏度以内的范围。从最近国际气候变化专门委员会报告中使用的三十二模型来看，在乐观的情况下，2055 年将超越这个阈值，而基于当前二氧化碳的排放量，大约在 2045 年就会超过这一阈值。全球发生着明显的变化，例如，北极可能变暖得更快，但对于赤道地区的小岛屿来说，变暖的速度和全球的平均水平差不多。这可能导致到2050年海平面升高15到30厘米，一些科学家认为，到二十一世纪末，海平面可能上升75到100厘米。[8]

随着海平面上升，地势低的小岛屿肯定还会面临降雨增多、湿度增加、风暴和波浪的破坏力增加，以及洋流模式改变的情况。这将威胁到太平洋上几个岛国的生存，包括图瓦卢、托克劳和基里巴斯，密克罗尼西亚也会变得特别危险。印度洋上的马尔代夫和科科斯（基林）（Cocos[Keeling]Islands）等群岛的基础设施将被彻底破坏。为共同事业而组织起来的“岛屿国家联盟”将失去宝贵的沿海土地，主要人口中心也将被洪水淹没。除此之外，还有很多地区可能被淹没：大西洋地区的佛得角、几内亚比绍、圣多美和普林西比；加勒比地区的安提瓜和巴布达、巴哈马、伯利兹、古巴、多米尼加、格林纳达、圭亚那、牙买加、圣基茨和尼维斯、圣卢西亚、圣文森特和格林纳丁斯、苏里南、特立尼达和多巴哥；印度洋地区的科摩罗、马尔代夫、毛里求斯、塞舌尔；地中海地区的塞浦路斯和马耳他；太平洋地区的库克群岛、斐济、基里巴斯、马绍尔群岛、瑙鲁、巴布亚新几内亚和托雷斯海峡的岛屿、萨摩亚、所罗门群岛、汤加、图瓦卢、瓦努阿图和新加坡。

2014年，近两千万人因自然灾害而流离失所，百分之九十以上的灾害与气候有关，过去十五年皆是如此。

据报道，2012年，基里巴斯政府正在谈判购买23平方公里的万努来雾岛（Vanua Levu），该岛是斐济的第二大岛，距离基里巴斯2000多公里。购买该岛是为了安置五百名左右的农民，这些人将为基里巴斯种植农作物，为海防填埋垃圾。该岛国三十二个环礁中的许多环礁仅高于海平面几米，这个计划并不保险，因此基里巴斯人民最终只能依赖澳大利亚和新西兰的援助。[9]

基里巴斯总统希望实现“有尊严地移民”，但他认为，2015 年，由一百九十五个国家在巴黎政府间气候变化专门委员会会议上达成的协议，仍然满足不了那些一直呼吁将全球升温控制在一点五摄氏度以内的岛国。该协议承诺将全球升温限制在两摄氏度以内，并提供一千亿美元用于援助遭受全球变暖所带来的损失的国家。这让人们看到一些希望，但此协议作为长久承诺则很难实现，因为经济增长难以预测，承诺就很容易被打破。

马尔代夫由围绕着六个环礁的一千一百九十二个岛屿组成。约有二百五十个岛屿有人居住，总人口为四十万人。首都马累是世界上人口最稠密的地区之一，如果海平面上升 50 厘米，那么它就会被淹没，所以人们建了一堵三米高的墙包围着它，这堵墙耗资三千万英镑，耗时十四年完成。岛上的最高点海拔仅有 2.5 米，百分之八十的陆地海拔低于 1 米。2004 年的海啸过后，百分之四十的陆地被淹没。

马尔代夫约百分之七十的外汇收入来自旅游业。度假村通常是指岛屿上无人居住的豪华酒店。像这样的度假村有近一百个，还有五十个左右正在建设中。由于环境问题，该地区计划出租三十个左右的岛屿，但遭到了严厉批评。国际货币基金组织对其九千万英镑预算的短缺有所担忧，政府不得不想办法解决这个问题。同样糟糕的是，尽管旅游局的座右铭是“生活的阳光面”，但许多新开发的项目都采用大型浮筒。除非马尔代夫的其他人口得到同样的保护，否则他们的未来不会是光明的，只会是惨淡的。[10]

二十五年前，在日内瓦举行的联合国世界气候变化大会上，人们讨论了严格的措施，比如将图瓦卢、托克劳和基里巴斯的人口完全撤离到新西兰。新西兰已经有四千名图瓦卢人，剩下的一万零五百人多数居住在人口稠密的富纳富提岛（Funafuti Island），该岛是该国的主要环礁，在2月和9月的最高潮汐时，大部分位于海水以下0.5米。从2006到2007年，图瓦卢完成了国家减排计划，但不幸的是，该计划的负责人不久后就去往了新西兰。

小岛屿易受自然灾害的影响，这意味着它们容易被当作研究的焦点。1835年，达尔文对加拉帕戈斯群岛（Galapagos Islands）的访问促进了进化论的构想，从此以后，岛屿就被公认为优秀的自然实验室。它们丰富的形状、与世隔离的状态为“自然实验”提供了很好的场所，达尔文通过这些实验可以验证进化论的假设。事实上，即使是顽固的科学家似乎也发现，小岛是一个具有内在吸引力的研究对象，对生物学家来说，这种吸引力还具有浪漫主义色彩。[11]

对生物学家来说是这样，那么对人类学家和社会科学家来说也是如此。玛格丽特·米德（Margaret Mead）和马林诺夫斯基（Bronislaw Malinowski）在波利尼西亚所做的开创性工作为民族志研究做出了巨大贡献。在爱尔兰，有一座小岛也许是世界上被研究得最深入的地区之一。这座小岛就是克莱尔岛（Clare Island），1901年至1911年，爱尔兰皇家学院组织了一次调研，1990年又调研了一次。生物学、地质学、考古学、历史、文化和地理学的研究为该岛提供了一个跨学科平台，所以该岛才能被如此详尽地研究。[12]

事实上，科学家有特殊的机会来研究偏远的小岛，将其作为追踪生态变化的实验基地。克利珀顿岛（Clipperton Island）是法国海外的一小块领土，是世界上最偏远的无人居住的环礁，占地仅6平方公里，距墨西哥海岸1080公里。

一百多年前，在克利珀顿岛成为鸟粪石矿厂之前，人们认为那里“寸草不生”，于是为当地引入了棕榈树和猪，后者的繁衍严重依赖上百万的陆地蟹，而陆地蟹又因此影响了众多植物的命运。低矮的植被开始在岛上蔓延。

这些猪还毁灭了大量珍稀的蓝脸和褐色鲣鸟种群，在洛杉矶县博物馆的鸟类学家肯·斯塔格（Ken Stager）射杀所有猪后，这个问题才得到解决，螃蟹种群也得以恢复，新的植被才逐渐长出来，螃蟹才又能食用发芽的椰子树。

在1999年至2000年间，克利珀顿岛正处于原始的生态环境中，当时，有两艘大型渔船失事，老鼠被引到了岛上。它们以大量的螃蟹为食，这使得植被和新植物激增，预计在五到十年内，藤蔓将覆盖整个岛屿。此外，发芽的棕榈树也在增加，这为老鼠提供了更多的栖息地。它们还以在地面筑巢的鸟类的蛋和雏鸟为食，蓝脸鲣鸟的栖息地因而缩小，它们缺乏足够大的空间来练习飞翔。

2016年，加拿大海洋研究探险队观察到，该岛螃蟹的数量持续大幅下降，爬行植物群面积扩大，椰子幼苗蓬勃发展。但他们没有提到鸟类种群的状况。[13]

人们通常会十分关注人类对岛上生态环境的影响，也会关注岛上的景观状况。当人们看到大海的照片时，第一印象通常是大海中有大量的海洋垃圾。二战期间该岛被美国占领，1966年至1969年被法国海军占领，那里有废弃的临时营地，还有生锈的钢制船体和各种同样生锈的军事、渔业和通信用具，还有腐烂的塑料网和塑料容器整齐堆放着的七十多年前的弹药。这会给人美感吗？并不会。

因此加拿大的海洋研究探险队得出结论：“与世隔绝的状态对岛屿来

说是具有积极意义的。那里拥有原始的空间、无障碍的地区、茂密的植被、纯净的水、原始的生态系统和大量海洋生物。可悲的是，克利珀顿岛并非如此。在这种情况下，与世隔绝意味着它将自生自灭，没有人可以阻止其自然资源的丧失。”[14] 正如我们将要看到的，加拉帕戈斯群岛的情况亦如此。

危险的外部世界

大洋岛是从海洋盆地的深水或海底山脊突然升起的小型陆地。它们最开始是火山，与大陆不相连，且动植物种类有限，这种动植物通常分布范围较广。岛上很少有陆生脊椎动物。特里斯坦 - 达库尼亚群岛只有五种陆地鸟类，亨德森岛（Henderson Island）有四种，高夫岛（Gough Island）有两种，复活节岛一种也没有。

岛屿越小，与大陆的分离就越久，越孤立，那么岛屿上的生物种群就越有限、独特。在有限的区域内，种群竞争比大陆小，因此在竞争激烈的大陆环境中无法生活的物种可以在小岛上生存。岛上的生物可能会发生遗传退化，即适应能力的丧失。所以小岛上的物种可能被从相关种群中移除，如果自然条件有利于该物种形成新特点，那么这个物种就会变成一种新物种。

在加拉帕戈斯群岛，企鹅、海鬣蜥和五十二种鸟类中多一半都是独一无二的。群岛上分布着不同种类的陆龟，和世上仅有的十三种达尔文雀。总而言之，正如人们所预期的那样，由于群岛与世隔绝的环境，虽然物种的种类不多，但百分之四十二的植物都是土生土长的，百分之七十五的陆地鸟类、百分之九十一的爬行动物和百分之百的哺乳动物是特有的。在数百万年的时间里，很少有陆地鸟类在去往加拉帕戈斯的长途飞行中幸存下来，那些幸存下来的陆地鸟类，可以在一个几乎没有捕食者、疾病和竞争对手的世界中开拓一个新世界，这为遗传变异提供了机会。在自然选择的帮助下，它们逐渐适应了独特的新环境，新物种因此形成。在这群新动植物的相互作用下，形成了岛屿特有的新的生态系统。[15]

但这存在着本质上的缺陷，雅克·库斯托（Jacques Cousteau）将其描述为“致命的二元性”。与世隔绝的原住民可能会在面对外来者时毫无防备。一个多样性有限的群落——不能应对竞争且只能适应有限且独特的环境的种群，可能在岛屿的生物群落内表现出良好的内部稳定性。但是，当外部的、非地方性的物种入侵时，生态平衡很容易被打破，它的脆弱性就会显示出来。[16]

加拉帕戈斯也是“致命的二元性”的例子。尽管该群岛在 1535 年就被人记载下来了（当时幸亏托马斯·德贝尔·兰加在这片土地上找到了一点饮用水），但这片满是石头的岛屿直到约一百五十年后才受到关注。十七世纪下半叶，海盗将它作为水源地和木材供应地，威廉·丹皮尔开发了丰富的食物种类，特别是以巨型龟为食材，其多汁的肉可以养活许多人。一个世纪后，当捕鲸者到达时，他们发现了一种可以吃的陆龟，这让他们在没有水和食物的情况下存活数月。尽管他们没兴趣在这座岛屿上定居，但他们的活动间接导致了弗洛里亚纳和圣达菲的巨龟灭绝，尽管有些陆龟在近些年被重新发现。十九世纪六十年代，抹香鲸变得稀少，二十世纪初，海豹濒临灭绝。平塔岛（Pinta Island）上唯一幸存的巨龟“孤独的乔治”于2012年死亡。

随着越来越多的船只到访这些岛屿，那些高效的捕食者——老鼠和猫就变多了，野山羊也逐渐增多。到了二十世纪九十年代中期，仅伊莎贝拉岛（Isabella Island）上就有约一万只野山羊，它们威胁着巨龟的生存。根据加拉帕戈斯保护协会的说法，经过多年的辩论，他们系统地实施了根除计划，到2006年，大部分岛屿上已经没有山羊、驴和猪了。

1832年，就在达尔文登上“小猎犬号”的前三年，有人在弗洛里亚纳岛（Floreana Island）上定居，厄瓜多尔拥有这些岛屿的主权，并不断对其进行开发。在接下来的一百年里，有人在这些岛屿上定居，牛、狗、鸡和猪以及许多农业和观赏类植物被引入，形成了自己的竞争生态系统。后来人们进一步发展岛屿，准备建造房屋、养殖牲畜、开垦种植、开辟甘蔗种植园。但在最初的一百多年里，经济发展和人口增长缓慢，岛上的发展受到阻碍。从岛上到市场的距离很远，而且岛上的土地很贫瘠，岛民根本就种不了市场上短缺的食材，而且几乎没有资本可以进行内部贸易。

像许多岛国一样，厄瓜多尔选择将加拉帕戈斯作为流放地，并从大陆输送工人，他们的待遇比奴隶好不了多少。工人们暗中不满，经常罢工，皮毛、咖啡、咸鱼和干鱼的出口也会因此而中断。1926年，挪威人想在远离压迫的圣克鲁斯岛（Santa Cruz Island）建立一个乌托邦，但面对多石的土壤、随时到来的降雨以及无能的组织，他们很快就放弃了。

在二十世纪六十年代后期，许多发达国家财富增加，更广泛的社会阶层想进行所谓的“绿色旅游”。一个新的产业诞生了，这个产业不依赖于岛屿上的生产力，而只受旅游市场中人们的兴趣影响。1970年，加拉帕戈斯群岛的人口不足四千人，但每年的旅游人数可达约四千人次。截至2017年，该岛人口增加了八倍，约有三万两千人，游客增加了五十多倍，达到二十二万五千人。1970年，货船每年停靠此岛三次。现在每周有四艘货船和三十多架喷气式飞机运送货物和乘客。这一过程不可避免地导致了外来动植物和昆虫的入侵，以及引入了未知的疾病。

旅游业所产生的财富在分配上总是不平等的。该群岛创造了大约一亿美元的收入，但据估计，其中约百分之八十五分配给了大陆人。歌德弗雷·梅林博士（Dr Godfrey Merlen）在加拉帕戈斯群岛生活了四十多年，作为一名科学家，他在自然和社会历史领域都做出了非常重要的贡献。他目睹了富裕的游客与大量文化程度不高的人混在一起涌入岛屿。“这些人在岛屿上没有根基，对土地没有感情，不了解群岛的特殊意义。他们的梦想破灭了，在阿约拉港的街头游荡，找不到工作，也找不到返回大陆的方法，于是饮酒和吸毒就变得很常见。至于对生物学的探索，在他们眼中是为无事可做的富人准备的。任何自然资源都被视为可以立即获得经济回报的手段。今天的阿约拉港是一个典型的旅游小镇。它的邻居圣克里斯托瓦尔岛和圣伊莎贝尔岛的村庄都忌妒它繁荣的经济。而阿约拉港繁荣的背后则是一排排低矮的建筑，里面住着渔夫，他们坚强、独立、怀疑科学、不信任权威、被指控破坏加拉帕戈斯的海洋资源，并且清楚地意识到他们处于社会经济的底层。”[17]

因此，海洋中的资源承受着残酷的压力也就不足为奇了。例如，随着东南亚贸易的影响力不断扩大，市场对海参和鱼翅的需求也逐渐扩大，利润丰厚的渔业如雨后春笋般纷纷发展起来。但这个产业既没有监管也没有监督，也没有政府部门负责，更没有清晰地界定受保护水域的范围以及哪些活动被允许。愤怒的渔民反对以规定份额的方式捕鱼，他们声称这样做穷人就无法获得宝贵的资源。

这些冲突威胁到生物种群的生存，正如它加剧了加拉帕戈斯群落的分裂一样。1997 年，国会考虑设立一项特别法，该法将界定适当的人口水平、群岛中的受保护水域，对旅游业的发展设置上限，并创建环境部和行政机构以寻求解决冲突的办法。但该法案一直被渔业的利益集团阻止，直到一年后才通过。

特别法承认，物种入侵和滥用海洋资源是人类与岛上自然动植物群共存的主要障碍。这一共识促进了 2001 年加拉帕戈斯海洋公园的成立，该公园涵盖了百分之九十七的加帕接戈斯群岛，以及 65 公里的近海保护区，在该区域内仅允许旅游和人工捕鱼。

但这些措施并不足以避免库斯托的“致命的二元性”，即地理位置遥远的岛屿对外部环境改变依然没有抵抗力。尤其是人口问题，登记制度能否起到调控人数的作用还有待观察。在厄瓜多尔大陆 1000 公里之外进行商业捕鱼尚需要准入。何为人工捕捞难以界定。渔民迫切要求提高捕捞份额，取消鲨鱼捕捞限制，开放海胆、章鱼和鱿鱼的捕捞。2004 年，渔民的强烈抗议导致政府做出让步，但在换届选举后这一让步被否决了。

2007 年，联合国教科文组织将加拉帕戈斯群岛列入“濒危世界遗产名录”，理由是人口增加和管理不善让群岛变得岌岌可危。政府采取了一系列措施，包括限制移民、禁止捕鱼以及用更系统的方法来检查入境船只是否有外来物种。在这些措施的影响下，联合国教科文组织在 2010 年投票将该岛从“濒危”名单中删除，但一些观察家认为这些只是从技术层面上解决问题，并没有解决根本问题。

自然、经济和社会的利益冲突往往在一个小岛的范围内被激化，这使它们无法相互依存。加拉帕戈斯群岛的根本问题仍然包括人口问题（数量不断上升，但岛上仅有百分之三的土地面积供人类居住，其他地方都被设为了自然保护区）、管理薄弱、本土物种减少、过度捕捞以及旅游业的加速发展（因全球金融问题而短暂缓解）。

一旦岛屿的隔绝被打破，岛屿的独特之处就会受到持续的威胁。它会一点一点地发生转变，变成大陆世界的缩影。

当岛屿的系统遭到破坏时，岛屿立即发生戏剧性变化的例子不胜枚举。由于外来的掠食者侵略，夏威夷群岛中几乎所有本土鸟类都受到威胁。因人类干涉而灭绝的物种有很多，包括不会飞的鸟类，如渡渡鸟、马斯卡林群（马达加斯加以东）的纸牌鸟和相关物种，至于波多黎各的库莱布拉岛（Culebra Island）的巨型蜥蜴，如今我们只能从八十多年前的标本中来了解它。在新西兰，斯蒂芬斯岛（Stephens Island）的鷦鹩在被正式确认为新物种之前，就不幸地被一只灯塔管理员的猫消灭了。1980年，与许多岛屿的特有物种一样，查塔姆岛（Chatham Island）上的黑知更鸟繁殖缓慢，在被从岩堆移至更稳定的森林环境之前，仅剩一对。

自葡萄牙殖民初期以来，马德拉群岛（Madeira Islands）上不断发生毁灭性的火灾，当时岛上的大部分地区被燃烧了七年之久。据报道，2010 年 9 月，森林火灾已经威胁到欧洲最稀有的海鸟。1969 年人类发现了季诺海燕，在此之前，人们一直以为这种海燕已经灭绝。在遭受老鼠、猫、以幼鸟为食的牧羊人以及窃蛋者的掠夺后，该岛中部山区的大火烧死了二十五只幼鸟，只剩下十三只因生活在地下巢穴躲过一劫。[18]

在关岛，秧鸡和密克罗尼西亚翠鸟种群大量减少，它们现在只能被圈养。一种棕色树蛇威胁着它们的生存，这种蛇可能是在二十世纪四十年代被美国运输机偷运入境的，随后被当作宠物。它原产于澳大利亚东部和北部沿海、巴布亚新几内亚和美拉尼西亚西北部的许多岛屿，它们在那里与其他物种和谐地生活，而在关岛，它成为一种非常厉害的捕食者，严重威胁着岛上十八种独特的鸟类的安全。据估计，岛上每平方公里大约有八千条蛇，这说明它具有高度的适应性，几乎可以吃掉任何小型哺乳动物。据报道，2010 年，美国资助了一个试验，将带有无线电标记的老鼠扔进丛林中，这一试验持续了两年。官方报告说，几乎没有其他物种会受到老鼠的影响，因为棕蛇已经吃掉了大部分老鼠。

罗德里格斯茜草的繁殖情况与查塔姆岛上的那对黑知更鸟一样。起先，人们认为在马达加斯加以东的罗德里格斯岛（Rodrigues Island）上，罗德里格斯茜草已经灭绝，直到 1980 年一名小学生发现了这种古老的植物。毫无疑问，它非常稀有，但入侵的牛、绵羊和山羊破坏了这些树，人们只能在伦敦的英国皇家园林中的邱园种植这种植物，再将它们带回罗德里格斯，来延续这古老的生命。[19]

老鼠、猫、兔子、雪貂、白鼬、黄鼠狼、狐狸、狗、山羊、猪、绵羊、牛、驴、蛇和驯鹿，这些物种都被有意或无意地引入到岛上，导致岛上本土动物的减少。在某些情况下，捕食者和被捕食者都被引入，岛上的生态问题能就得到改善。例如，岛上同时引入了兔子和兔子的天敌。但是，这种情况比较少见，即使环境有所改善，但问题仍然存在。一些具有历史意义的造林计划在一些小岛屿上取得了成功，但无助于本地植物群的恢复。

十六世纪，葡萄牙人在南大西洋的阿森松岛引进了山羊，到十九世纪中叶，随着兔子、绵羊、老鼠和驴的引入，当地的植物群几乎被摧毁了。可仍有新物种被引进——美国军方引入了得克萨斯火蚁。这些蚂蚁可能威胁海龟卵的孵化和海鸟群的增长，要知道这些海鸟群刚从猫和老鼠的侵袭中慢慢恢复过来。

1843 年，植物学家詹姆斯·胡克说服皇家海军，在英国皇家植物园的帮助下，在阿森松岛发起了一项长期植树计划。他们在 859 米高的山峰周围种植树木，温暖的东南风会携带水汽，在干燥、干旱、炎热的熔岩平原（该岛的地形）附近形成潮湿的云雾林。他们认为，这可以为部队提供饮用水源。三十年后，诺福克岛松、桉树、竹子和香蕉树开始改变该岛的地貌，云雾林一直延伸到岛的最高点。今天，这片森林中有榕树、姜和番石榴，这大大改善了被严重破坏的熔岩地貌，也缓解了生态问题。然而，在这个人造的新生态系统中，入侵的物种仍然占尽优势，有限的本土植被——阿森松岛上脆弱的草类和蕨类植物不得不与入侵物种竞争，受尽折磨。

胡克的植树计划是出于好意，还可以被原谅，但英国广播公司、英国和美国军方以及一些通信公司却无法被原谅。二十世纪六十年代中期，英国市政委员会讨论在阿森松岛建造新村时，为了稳定土壤种植了墨西哥刺棘。这种植物在这片贫瘠的土壤上疯狂繁殖，它的根深达地面三十米以下，因此想要将它连根拔起极其困难，并且野驴以其种子为食，使它得以在岛屿上蔓延。据估计，除非人为制止这种植物的蔓延，否则它会占据岛屿百分之九十的土地。[20]

在一些岛屿上，人们可以持续追踪非地方性入侵物种对岛屿的影响。鲁滨孙·克鲁索岛就是一个很好的例子，它位于智利西部 600 公里外的胡安·费尔南德斯群岛（Juan Fernandez Archipelago）。正如我们在第二章中看到的，该岛是笛福的《鲁滨孙漂流记》的灵感来源，也是亚历山大·塞尔柯克的家，他于 1704 年自愿独居于此。但早在他成为唯一的居住者之前，该岛的生态就已经因人类的开发而发生了重大变化。1574 年，西班牙航海家胡安·费尔南德斯（Juan Fernández）在此殖民，引进了牛、绵羊和山羊，并做起卖海狮油和咸鱼的生意。随后他离开了那里，并把它转赠给耶稣会士，他们又引进了猪。随后，老鼠从船上或者乘坐运送供给的划艇到达岸上。之后猫被引入来控制老鼠的数量，最终猫与老鼠的数量都增长了。

后来耶稣会士也离开了鲁滨孙·克鲁索岛，这座岛又成为逃兵的避难所，继而又成了海军的供应站。整个十七世纪，西班牙人在岛上养狗来消灭猪，他们与开发檀香和棕榈树的英国人竞争该岛的主权。1750 年至 1814 年，该岛成了监狱，越来越不受到重视，后来英国人大肆毁灭西班牙人的殖民地，将岛上的檀香开发殆尽，并不分青红皂白地焚烧整个岛屿。大概在二十世纪，为了控制牲畜，兔子和荆棘被引入。[21]

在许多岛屿上，入侵的啮齿动物已成功被清除，但清除过程有时会产生意想不到的后果。来自苏格兰外赫布里底群岛的克罗夫特斯抱怨说，水貂虽然吃海鸟及其蛋，但它们被根除后，老鼠的数量激增。老鼠繁殖能力强大，仅仅一对老鼠一年内就能繁衍出数千只老鼠。

例如，2011 年，在皮特凯恩群岛约 40 平方公里的亨德森岛上约有七万五千只老鼠，于是人们启动“密集毒饵”计划。据说该计划成功地杀死了大部分老鼠，仅剩下七十五只，但即使成功率达到了百分之九十九点九，五年后，老鼠仍然能“死灰复燃”。[22]

塔斯马尼亚岛南部的麦格理岛，也有类似的经历。早期的游客引入了马、驴、猪、山羊和绵羊，但幸存下来的却是兔子、野猫、黑猫、老鼠和家鼠。该岛拥有上百万皇家企鹅和十七种濒危的海洋哺乳动物和海鸟，是南极游轮运营商的热门中转站。1978 年，黏液瘤病消灭了岛上至少百分之九十的兔子。2000 年，经过二十五年的诱捕，人们捕获了近两千五百只猫，据说这些猫每年会杀死多达六万只海鸟，猫的问题终于被根除，却导致兔子数量增加了十倍，到 2006 年约有十万只，老鼠的数量也猛增。2006年，人们耗资两千五百万澳元制定了“空中毒饵”计划，声称这是有史以来最大的兔子和老鼠根除计划。2011年，在直升机投下三百吨毒饵后，该计划取得了成功。

这些根除计划虽然相对简单，但确实取得了理想的结果。1949年，印度洋的马里恩岛（Marion Island）引入了五只猫来消灭老鼠。到1977年，岛上约有三千五百只猫，每年杀死约五十万只鸟。经过狩猎、诱捕，最后一只猫于1991年被杀死。

南乔治亚岛（South Georgia Island）位于南大西洋的南大洋，那里的老鼠对海鸟种群产生了毁灭性的影响，估计有百分之九十五的海鸟被老鼠杀死。在2011年的“测试任务”之后，人们正式采用了有史以来规模最大的灭鼠计划——用三架直升机撒下二百七十吨诱饵灭鼠。据报道，到2015年年中，在撒下数百万颗毒丸后，珍稀的鸟类终于得以返回岛上的巢穴，老鼠有可能已经被消灭了。[26]

同期，岛上的驯鹿问题也得到了解决。二十世纪初，挪威捕鲸者将驯鹿引入南乔治亚岛，因而挪威的驯鹿专家组织了一次大型捕杀。到2014年春天，数千只驯鹿被杀，他们希望该岛不再有驯鹿。

很明显，在偏远的小岛上，科学家们可以自由地做实验，而这些实验在大陆则不被接受。例如，驯鹿在英国人眼中是一种可爱的生物，任何试图将它们根除的尝试都会引起大众的反对，即使是在像苏格兰的凯恩戈姆这样的国家公园。

但在岛屿上就不同了，这些岛屿有自己的岛屿保护组织，这些组织致力于直接采取行动消灭入侵物种，这并不奇怪。自1500年以来灭绝的所有物种中，百分之九十的鸟类、百分之八十六的爬行动物、百分之九十五的哺乳动物和百分之六十三的植物都来自小岛。一般情况下，人们会认为政府资助的根除项目是对科学的侮辱、对自然的干扰（人类是其中的一部分），通过人类的干涉来解决问题，这不免有些残忍。但在遥远的小岛上，这些是必要的。[24]

人类之战

库斯托对“致命的二元性”的描述，与殖民者对本土群体的“致命”影响相似。

加那利群岛和加勒比海的关什人，还有加勒比海的阿拉瓦克都被外国侵略者侵略了，这些侵略者以牺牲土著人民为代价创造财富，让他们得病，驱逐、奴役、谋杀和灭绝他们。据记载，现代种族灭绝最早发生在塔斯马尼亚岛，维多利亚时代的殖民主义者认为，土著人口无疑都是低等的，最后一位血统纯正的帕拉瓦人于 1876 年去世。

在火地岛的比格尔海峡南部和岛屿周围，居住着海上游牧民族雅格汉斯人，他们绝大部分死于疾病，截至 2017 年，只剩一人存活。居住在更北部的奥纳和豪石部落还遭受到“黄金热”和“羊场热”的剥削。他们在自己的土地上打猎，却被殖民者当作偷猎者而被追捕，这种做法一直持续到二十世纪初。最后一位血统纯正的奥纳人于 1974 年去世。

在其他地方，这种侵略虽然没那么血腥，但手段更加阴险。与世隔绝且资源有限的岛民，需要各种方式来适应环境以满足基本的生活需求。圣基尔达群岛位于斯凯岛（Isle of Skye）西海岸约 80 公里处，距苏格兰本土约 175 公里。该群岛包括赫塔岛（Hirta Island）、敦岛（Dun

Island)、索厄岛(Soay Island)和波雷岛(Boreray Island)。人口不超过二百人，那里的人们在非常有限的自然环境中生存。

四十多年前，查尔斯·麦克莱恩(Charles MacLean)的著作《圣基尔达——世界边缘的岛屿》(*St Kilda——Island on the Edge of the World*)首次出版，至今仍是历史和地理知识的最佳参考来源。岛民靠捕杀海雀、塘鹅和暴风鹱生存。记录显示，1696年他们杀了两万两千六百只塘鹅，平均每个岛民一百一十三只。1876年，据说有八万九千六百只海雀被吃掉。暴风鹱的羽毛、肉和脂肪被用来制造药物、擦鞋油等物资。由此可见，圣基尔达的历史与人们如何看待“鸟文化”息息相关。[25]

岛上是一个隔绝的社会，人与人接触的范围有限且拥挤。岛屿社会的发展主要靠个体完成群体性任务，如建立岛屿议会政治、捕鸟、捕鱼和发展手工业经济，以及教养子女。与外赫布里底群岛的其他偏远岛屿一样，岛屿社会的运行依赖于培育共同的社会模式。“在面对恶劣的气候和荒凉的土地时，人们要合作。人们应该有紧密的亲属关系，关注神话般的历史，以及极具想象力地讲故事、唱歌、读诗和讲轶事。人们有足够的时间来发展他们的历史。”[26]

因此，圣基尔达的岛民能很好地适应生存环境。他们有效地利用岛上宝贵的资源，从事贸易活动，促进社会凝聚力。但这种生存环境是不稳定的，因为鸟类的数量会受到变化无常的天气和可食用的食物的影响。此外，圣基尔达人像孤立的小生物群落一样，一直很容易受到外来事物的影响。1727年，从哈里斯返回的一群人将天花带到了岛上，除了在偏远的博雷岛(Boreray Island)打猎的群体之外，岛屿上其他人对天花没有免疫力，最后两百人中只有十八人存活。1758年，岛上出现首例婴儿感染破伤风的病例，可能是由于岛上的土壤含有伤风梭菌，也可能是因为鸟类产品污染了剪新生儿脐带所用的剪刀。到十九世纪末，该岛百分之八十的婴儿因破伤风死亡。[27]

历史从多个维度揭示了小岛的脆弱性。小岛似乎为培育特殊的信仰提供了理想的条件。在圣基尔达恶劣的环境中，人们迷信某种形式的神，这种信仰以口口相传的神话得以维持。1822 年至 1823 年，一位福音派传教士访问这些岛屿，他发现岛上已经有一百多年没有牧师了，但当地人仍然沉浸在“异教信仰和教皇迷信”中。1829 年，福音派长老会的牧师来到岛上，还带来了小提琴舞蹈、音乐和各种游戏。历届传教士和牧师建立了一种可以压制地方民主精神的神权统治，岛屿上越来越多的人相信宿命论。[28]

十九世纪末，圣基尔达的出口经济前景黯淡。矿物油正在取代暴风鹱油，咸味食品的需求量变少，羽绒和羽毛也有了替代市场。岛民开始到岛屿之外寻找工作，人们开始担忧很快就没有人来驾船去偏远的鸟类栖息地寻找鸟类。

大约从 1860 年到第一次世界大战期间，圣基尔达的旅游航线短暂地流行起来，因为夏季游轮带来了游客，他们渴望看到维多利亚时代英国的“原始社会”。随着游轮的到来，越来越多的拖网渔船停泊在海上，船员们经常慷慨地给当地人捐赠煤炭和食物，还有其他人的慈善资助，圣基尔达人心甘情愿地接受了，虽说这些对他们来说意义不大。他们原本是自给自足的，这是岛屿独特的馈赠，但现在他们越来越依赖大陆的帮助。外来人认为这些岛民是不合时宜的，岛民也对自己坚持的价值观产生动摇。[29]

他们不再指望来年的收成生活，也不想再靠运气，不再满足于今年起码比去年好的小进步。经济性质的深刻变化有利于劳动集中和分工的形成，也相应地助长了人们对经济增长的预期。在这个“现在的孤立是落后的象征，孤立是一种失败”的美丽新世界中，只是简单地活着不再有任何意义。[30]

文化适应的影响在 1930 年达到顶峰，当时岛民请愿离开该岛。在撤离前，一位记者访问岛民时发现，三十五名居民中只有八名身体健全，十年内人口减少了一半。人们靠简单的劳动谋生：从羊身上拔羊毛，将羊毛织成花呢；维护建筑物和墙壁；种植庄稼；捕捉海鸟。羽毛和暴风鹱油的出口实际上已经停止了，取而代之的则是向游船出售粗花呢和纪念品，这可以每年为一个家庭提供二十五到四十五英镑的收入。

据报道，上一个冬天异常严酷，当岛民病重时，拖网渔船曾两次发出疯狂的求救信号。由于暴风雨天气，苏格兰卫生委员会承包的一艘轮船无法实施救援，于是不得不返回外赫布里底群岛。与世隔绝的危险使很多老人不堪重负。事实上，除了偶尔回家的拖网渔船会设法在裸露的海湾停靠外，几个月不见船只、邮件或补给品的情况更为常见。这位记者以赞美英雄般的口吻总结道：“资料表明，在过去的一个世纪里，圣基尔达人一直在与自然作斗争。上个世纪初，他们的人数远远超过今天。圣基尔达种族正在迅速消失，他们的请求非常紧迫。这是与逆境斗争的悲惨、注定失败的结局。”[31]

第四章

脆弱的经济学

有些人在研究岛屿的经济和发展问题，他们努力提出令人信服的案例，希望以“岛屿性”作为分析类别，区别于“大陆性”。小岛经济发展的限制条件与一般小国相似，除了运输问题，因为这一问题对小岛的经济影响重大。似乎只有在一个不到 100000 平方公里、人口不到十万人的岛屿上，才能做出一个独特的案例。然而，泛化的结论具有局限性，无法应用于小岛的分析，所以我们应该细致地探讨经济学对小岛的影响。[1]

一些小优势

小岛确实有一些特定的优势，最显著的就是小岛的地理位置、景观和历史，人们可以利用这些资源包装小岛的形象，从而持久地吸引游客。“天堂岛”的概念一直盘踞在旅游营销人的脑海中，其具有争议的经济影响将在本章后面详细讨论。

现实中存在买卖私人岛屿的现象，这些交易会对附近的聚落产生或大或小的经济影响。2013 年，卡塔尔元首埃米尔购买了位于希腊爱奥尼亚的埃奇纳德群岛（Echinades Islands）当中的六个岛屿。不出所料，他打算为他的二十四个孩子和三个妻子建造一座宫殿。埃米尔很“幸运”，因为在希腊债务危机最严重的时候，民众要求卖岛屿以换取国家主权。[2]

人们必须寻找小岛其他的经济优势。在科技无法使船只独立作业之前，由于岛屿得天独厚的地理位置，它们通常被当作偏远地区的捕鱼基地。岛屿的传统生产系统很独立，即使在经济危机时期仍可维持发展。人们还会生产一些以岛名命名的独特的产品，如夏威夷的兰花、诺福克岛（Norfolk Island）的肯蒂亚棕榈（但这种树是从豪勋爵岛［Lord Howe Island］引进的）、塞舌尔的椰子树和加那利群岛的龙树。但这样的例子有限，而且距离我们很遥远。

没有独特产品的岛屿会制造高质量或独特的“利基产品”。赫布里底群岛的汝拉岛（Jura Island）、艾莱岛（Islay Island）和斯凯岛的利基产品是麦芽威士忌，皮特凯恩群岛则拥有昂贵的威士忌蜂蜜和蜂胶。

岛屿上的社会有时是保守的，这种保守源于其地理位置的隔绝性。但是，如果你认为保守的后果都是负面的话，那就错了。例如，在巴布达岛（Barbuda Island），原始居民仍然采用他们认为合适的农业种植方式，而这种方式在贪婪之人看来太过“原始”。坚持“原始”往往需要在现代化压倒性的力量面前坚定信心，并且需要一定程度的独立性，而这恰恰是大陆所缺少的。因此，奥克尼岛的居民强烈反对有利可图的铀矿开采活动，设得兰群岛（Shetland Islands）议会以严格控制环境为由，游说港务局向企业征收干扰税，减轻了石油工业的负面影响。[3]

岛屿提供各种服务，包括充当基因库以确保生物多样性。例如，南澳大利亚的袋鼠岛（Kangaroo Island）专门生产无病原体的种子，在斯瓦尔巴群岛（Svalbard Island），全球种子库建在北极区的山腰上，以此保护农作物的种子免受天灾人祸的影响。据报道，2015 年 9 月，中东研究人员要求提供适合干旱地区的小麦、大麦和草的样本，用来换掉叙利亚阿勒颇市附近基因库中的种子，因为那些种子已经被战争破坏了。在阿尔达布拉环礁、西印度洋和加拉帕戈斯群岛的偏远岛屿上，人们建立了独特生物群落的研究基地。人们在夏威夷的莫纳克亚对大气和水圈的污染物进行监测，这在人类聚集区附近无法进行。靠近大陆气团路径上的岛屿，如亚速尔群岛和特里斯坦－达库尼亚群岛则是重要的气象站。

岛屿的浪漫似乎也满足了集邮者的想象力，而邮票的发行可能会对岛屿的经济产生较大影响，因为收藏家喜欢购买稀有品。在图瓦卢，邮票每年的销售额超过一百万澳元，足以支付政府的周期性预算。在汤加这样较大的岛屿上，邮票的销售占政府年收入的百分之八。查塔姆岛、圣诞节岛、诺福克岛、皮特凯恩岛、复活节岛、阿森松岛、马尔维纳斯群岛、特里斯坦－达库尼亚群岛和圣赫勒拿也从中受益。[4]

在库拉索岛、新加坡和加那利群岛建立了免税区，鼓励制造业的发展。在其他岛屿，金融服务是外汇的来源，所谓的避税港的建立不会削弱国内的税基，相反会扩大原本有限的地方经济。加勒比地区有一大片岛屿出售金融服务以换取优惠的税率。英属维尔京群岛（British Virgin Islands）拥有三万人口，但据估计拥有一百万个离岸公司，在开曼群岛（Cayman Islands），注册公司的数量远远超过当地成年人口的数量。不列颠群岛的泽西岛（Jersey Island）、根西岛（Guernsey Island）和马恩岛（Isle of Man）扮演着类似的角色。在某些情况下，一些由历史原因造就的岛屿特别有利于建立离岸金融机构。例如，泽西岛既不是英国的殖民地，也不是海外领土，也不是英国正式的一部分，它具有独立于英国的国际身份，其民主管理制度不健全，在伦敦议会中也没有议员。泽西岛的商品和服务税的税率非常低，所得税也很低，而且他们没有资本利得税或遗产税，这都利于他们经营离岸银行业务。因此，泽西岛的人均收入高于卢森堡也就不足为奇了，而且人们认为，泽西岛的富人不愿意对岛屿进行严密审查。

新加坡、瓦努阿图、瑙鲁、库克群岛、毛里求斯和巴林等岛屿或岛国有一些低税机构和免税机构，以获得一定的经济管理权。然而，反欺诈小组和政府政策制定者对岛屿的审查越来越严格，岛上的税收政策越来越公平，这触碰到了富人团体的利益。2013 年年初，美国和欧盟对避税场所进行了联合打击，英国政府开始了艰难的谈判，披露某些在其皇家属地和海外领土的金融机构的细节，这些地区包括英属维尔京群岛、开曼群岛、安圭拉（Anguilla）、百慕大、蒙特塞拉特和特克斯和凯科斯群岛（Turks and Caicos）。虽然英国政府预计在此过程中会收回十亿英镑，但对其掌管的经济体来说是不利的。[5]

根据联合国海洋法公约，附属领土和国家能将其经济管辖范围扩展到其领土界限之外约 22 公里。在专属经济区内，国家拥有对海底生物和非生物资源，对水域内的产品享有实质性权利。为了获取专属经济区，该岛屿需要有人永久居住并从事经济活动。岛屿的距离与大小同样重要。公约表示，一个有人居住的孤岛可以拥有 431015 平方公里的专属经济区。

将这一条约应用于所有岛屿，专属经济区将会产生巨大的效益，下表中是一些更明显的例子。[6]

	土地面积（平方公里）	专属经济区（平方公里）
皮特凯恩	5	800000
托克劳	10	290000
瑙鲁	21	320000
图瓦卢	26	900000
诺福克	36	400000

能够供人居住或者支撑经济生活的偏远岛屿和群岛都有巨大的专属经济区。相比之下，一个较小的岛屿（通常被称为“岩石”）只能扩展约22 公里，相当于大约 1537 平方公里的经济专属区。一些国家陆地面积巨大但远海岛屿相对较少，得到的专属经济区比较小。加拿大在北冰洋上拥有许多海湾和岛屿，但其经济专属区实际上小于其领土界限。相比之下，法国拥有偏远群岛的海外领土，其专属经济区的面积几乎是其陆地面积的二十倍。

1997 年，英国批准海洋法，同意将有人居住的圣基尔达作为参考点，而不是无人居住的罗科尔，这一点是符合规定的。为此，英国放弃了近 100000 平方公里的专属经济区。然而，1955 年，英国吞并小罗科尔岛时，声称对其拥有主权，这也是英帝国主义最后一次展示霸权。这让爱尔兰、冰岛和法罗群岛不愉快，因为它们长期以来一直声称对这个离苏格兰大陆约 400 公里的小岛拥有主权。事实上，即使以圣基尔达为参考点，英国现行的法规也可能面临挑战。它所谓的永久居住人口其实是暂时的，因为这些人是导弹跟踪站的工人，还有苏格兰的信托基金工作人员，他们为争取主权而住在岛上。自 1930 年人们撤离小岛后，原本活跃的经济几乎停滞了。

对于小国而言，专属经济区既难开发，也难争取。虽然法属波利尼西亚可以拥有 1000000 平方公里的专属经济区，但加勒比东部的岛国因为面积小、数量多且彼此靠近，几乎没有管辖权。[7]

这里存在一个悖论，即边远岛屿国家虽然可以拥有巨大的专属经济区，但要确保开发从而带来长久利益，也是一个巨大挑战。正如我们将看到的，在许多情况下，战略规划只不过是一个白日梦。

最后，虽然一些岛屿由于地处偏远而获得了某些战略优势，但这些岛屿通常在不考虑当地岛民意愿的情况下，被用于测试大规模杀伤性武器、储存放射性废物，建设军事基地、着陆场、电信和卫星站，甚至被用于大宗危险物质的装卸、转运和处理。

天生的劣势

只谈论岛屿的经济资源匮乏，会使人对岛屿的认识产生偏颇。我们无法从经济局限性的角度对岛屿社会做出假设。例如，E·C·多门（E. C. Dommen）对二十四个岛屿进行了抽样调查，并将它们与国内生产总值相似的大陆国家进行了比较。基于地理、社会和经济进行一系列分析后发现了某些岛屿的共通点：地震不太常见，破坏性也较小；飓风更为常见；环境种类更丰富；生物多样性有限且脆弱；岛民可能活得更久；人口更加分散，城市化程度相对较低，并且增长更慢，出生率和死亡率更低；移民是常态；入学率相对较高；尽管岛民似乎容易忍受分离主义运动，但内部混乱并不常见。多门总结道："岛屿是特别幸运的地方，虽然食物有限，但那里的人寿命更长，自然资源也更丰富，政治更友好。在岛上，飓风比社会动荡更危险。"[8]

岛屿的经济状况一向差距很大。2011 年，在一百九十三个国家的人均国内生产总值排名中，十八个小岛国家排在倒数二十名内。同年，在二百一十五个国家的人均国内总收入排名中，四十个岛国中有十六个位于前百分之五十。[9]

小岛的劣势往往可以用经济和地理因素解释。小岛在有限的资源下常被以下两个问题困扰：不稳定的专业化和过早枯竭的前景；在市场、投资和非常重要的运输方面非常依赖大国。由于人口少、移民多、技能有限，小岛难以产生规模经济，加之高人口密度对资源要求高，空间有限，生产中心位于脆弱沿海地区的岛屿相比大陆国家自然处于劣势。

岛屿生态系统的变化也会导致整个岛屿失去生产力甚至让人无法居住，除非采取代价高昂的控制措施。而且岛屿的海岸线在其陆地面积中占比很高，这使得岛屿极易受到一系列极端海洋灾害和气候影响，尤其是与全球气候变化有关的极端气候。正如我们已经看到的那样，岛屿更容易发生灾害。而与世隔绝的岛屿通常拥有自己的生态系统，也容易受到非本土物种入侵的影响。

岛屿容易受到商品价格变化的影响，这使得生产者对贸易条款没有话语权，并可能导致岛国的国内生产总值在一年内下降高达百分之三十。有人认为岛屿经济体是全球投资中的高风险实体。全球化的自由贸易体系阻碍了传统的优惠市场准入协议的达成，有时岛屿经济体还要依赖国际援助和移民汇款，这两者都不可靠。[10]

并不是每个小岛国家的自然资源都匮乏，有些小岛可以开发世界需要的东西以促进其经济增长。例如，特立尼达的石油、牙买加的铝土矿和新喀里多尼亚的镍，这些都是得天独厚的自然资源。但当自然资源耗尽时，岛的经济也会衰弱。斐济的黄金、瓦努阿图的锰，以及巴纳巴、马卡蒂亚和瑙鲁的磷酸盐被开采殆尽后，这些地区的经济一落千丈。

经济起起落落

岛屿的经济状况证实了一些普遍的经济规律。6 平方公里的大洋岛（现为巴纳巴岛）位于澳大利亚昆士兰东北海岸约 4500 公里处。岛屿上由大量的磷酸盐组成的鸟粪，这种粪便由数百年的海鸟和海豹的粪便形成。太平洋岛的磷酸盐公司以每年五十英镑的价格购买了九百九十九年的唯一采矿权，但该岛在 1901 年沦为英国属地。后来，岛上的露天采矿厂密密麻麻，都由英国磷酸盐委员会经营。世界各地的现代化农业都需要使用到磷酸盐，但具有讽刺意味的是，露天采矿破坏了岛上的磷酸盐，岛民发现这个巴掌大小的肥沃土地已经被剥削干净了。小型农业是岛屿的传统经济模式，也是许多太平洋岛屿的经济基础。采矿厂占用了大量的农业用地，但每当大洋岛岛民发起一致抗议时，公司就会增加开采费。据称，历任英国驻地专员强迫民众接受低赔偿费，富含磷酸盐的土地每公顷赔偿三十五至五十英镑，但其每公顷价值高达两千五百英镑。[11]

1941 至 1942 年，英国政府开始意识到，他们的商业利益破坏了其他行业的可持续发展。但他们没有停止采矿，而是采取帝国主义一贯的“家长制”作风——为岛民寻找新家园。

早在十九世纪下半叶，一位来自塔韦乌尼岛（Taveuni Island）的酋长将距离海洋岛近 2500 公里的拉比岛出售给利华兄弟公司，用于椰干种植。到二战初期，利华兄弟公司以两万五千英镑的价格将其卖给英国政府，这笔钱出自岛民的磷酸盐开采权使用费。但是，岛民还没来得及知道这件事，日本就侵占了大洋岛。许多岛民被杀，还有很多人在周围岛屿的拘留营中遭受重创。

战争结束时，英国磷酸盐委员会和英国当局通知剩余岛民，大洋岛不适合居住。但这不是真的。大约一千零二名岛民被重新安置在拉比岛，而英国磷酸盐委员会继续在大洋岛采矿。其他人在 1977 年和 1981 年至 1983 年间陆续被重新安置，有些人在 1979 返回大洋岛，但岛上约百分之九十的土地已废弃。

拉比岛成了“营地”，英国政府曾经许诺岛上有房屋，但照片证实没有。当时岛上是飓风季节。岛上的罐头大约有三个月的量，许多人因为常年被关押在日本拘留营中而身体虚弱。他们不熟悉浅礁捕鱼，也不擅长农业耕种。不知道如今住在塔韦乌尼岛的拉比岛后人会有何感想，人们对此报道各不相同，但毫无疑问，痛苦的“调整期”过后，原住民很快就会重返大洋岛。岛民想要获得补偿，只能经过十多年的英国法庭诉讼。1976 年，十万澳元用于拉比岛的发展和社会工作中。[12]

1979 年，大洋岛成为基里巴斯共和国的一部分，更名为巴纳巴岛（Banaba Island），目前约有三百人居住，而大约有五千巴纳巴人住在拉比岛。

1966 年，位于法属波利尼西亚土阿莫土群岛的另一个所谓的“岩岛”马卡泰阿岛（Makatea Island），因磷矿枯竭也遭遇了同样的命运。这个 24 平方公里的岛屿目前大约只有六十个人居住。

瑙鲁岛经历了更长时间的苦难。它距离澳大利亚的昆士兰海岸约 4250 公里，人口约一万人，占地 26 平方公里，其中百分之八十的面积因露天采矿而无法居住。经过一个世纪的提取高纯度鸟粪，岛屿已经成了一个五米高的锯齿状树桩，那些都是珊瑚石灰岩岩床的遗迹。

最早发现瑙鲁岛的是 1798 年的一艘捕鲸船。约翰·费恩船长发现了一块人口众多的陆地，他将其命名为“宜人岛”。它地处偏远，附近没有岛屿，加上赤道逆流的影响，这一切都不利于探险旅行。该岛似乎拥有丰富的食物资源：有椰子、芒果、面包果、菠萝，露兜树和野生杏树，位于珊瑚礁的鱼类众多。岛上有一个自给自足的社会，那时探险家们还看不出岛上有什么重要的自然资源。

在接下来的一百年里，瑙鲁和许多太平洋岛屿一样遭受了一系列灾难，包括部落战争、殖民主义、移民和疾病。

无论岛屿多么小、多么遥远、多么看似与大陆的利益无关，都无法逃脱资本主义的机会主义的控制。1886 年，德国与英国的协议规定，双方在太平洋西部都拥有主权，而瑙鲁的统治权归德国所有。那时，德国发现瑙鲁是一个肥沃的岛屿，可以进行椰干贸易。几年后，当人们发现瑙鲁蕴藏着世界上最丰富的磷酸盐时，它的命运以最讽刺的方式被改变了。贪婪的开采者承诺说："将使沙漠如玫瑰般盛开，使辛勤工作的农民能够谋生……在接下来的一百年里，为饥饿的数百万人提供粮食……"但没有指明在"下一个百年"中，瑙鲁的环境、文化和社会可能会被毁灭。[13]

虽然瑙鲁人没有与西方签署任何正式协议，但德国每从岛屿运走一吨石头，就会向岛民支付一笔可观的费用。第一次世界大战后，英国、澳大利亚和新西兰都获得了瑙鲁宝贵资源的使用权。在澳大利亚的带领下，英国磷酸盐委员会提供了一小笔磷酸盐特许权使用费，补贴给那些依靠椰子、鱼和阳光生活的人们。

这种"仁慈"的行为在第二次世界大战日本人占领期间完全不复存在。许多瑙鲁人被运送到特鲁克岛（Truk Island）的集中营，最后只有七百三十七人幸存。在战后恢复期间，澳大利亚试图效仿英国政府对巴纳巴岛所做的事情，并声称他们将花费数亿美元来恢复岛民的生活。他们把位于昆士兰北部的柯蒂斯岛（Curtis Island）海岸给了瑙鲁，并且似乎不想让瑙鲁人去那里，因为瑙鲁人是随时可用的劳动力，他们可以开采磷酸盐以供应澳大利亚肉类工业所需的肥料。

资本家们继续以成倍的速度开采磷酸盐，但给瑙鲁人的工资只是磷酸盐收入的一小部分，少到可以忽略不计。直到 1966 年，迫于国内外的压力，英国磷酸盐委员会放弃了更大的利润占比。与此同时，瑙鲁人还要求拥有对他们岛屿的控制权。经过艰苦的斗争，1968 年 1 月 31 日，瑙鲁终于获得独立。然而，与许多后殖民国家一样，瑙鲁并没有以平等的姿态进入世界体系。

六十年的开采史从根本上破坏了岛上的生态系统，并侵蚀了土地。瑙鲁人的生活方式及其人与自然的关系也遭到了破坏，殖民主义已经改变了岛民的信仰、价值体系及其文化。以前，瑙鲁人的生活完全依赖小岛的环境，岛民们自给自足，享受生活。现在，他们不得不完全承担起责任，恢复满目疮痍的生态环境，解决因开采而造成的土地短缺问题。[14]

1989 年，瑙鲁在国际法院对澳大利亚提起诉讼，理由是澳大利亚违背了多项国际法律义务。1993 年 8 月 10 日，两国达成和解，澳大利亚同意在二十年内向瑙鲁赔偿一亿多澳元。这似乎是一笔可观的金额，但如果考虑到仅在 1967 年，在瑙鲁岛采矿就产生了约三亿美元的收入，这一数目就显得微不足道了。1967 年至 1993 年，当该岛由澳大利亚、新西兰和英国托管时，每年仅百分之五的补偿金就超过十亿美元。[15]

瑙鲁是世界上最小的共和国之一，但却是太平洋上最富有的岛屿，人均收入甚至超过了美国和沙特阿拉伯。但岛民早就意识到，他们的繁荣是建立在磷酸盐矿床上的，但二十世纪末磷酸盐可能就会枯竭，他们原以为矿产还可以开采两百年。独立后，他们专注于重建人口，并组建信托基金以便在磷酸盐开采枯竭后维持他们的生活。甚至在 1993 年就有报道称：“他们现在拥有的房产包括澳大利亚的城市土地、关岛最大的酒店、夏威夷的大型商业和住宅区以及印度和菲律宾的化肥厂。”据估计，如果使用得当，他们有足够的财力来确保长期舒适的生活。[16]

独立后，他们的信托基金甚至指派律师就一笔六千万美元的资金向伦敦施压。岛上的生活很奢侈，工作机会很多，住房免费，且无人纳税。他们的孩子可以在澳大利亚上好学校。当地的航空公司有七架飞机，还有一条船舶航线。

但情况很快急转直下，差到人们很难相信这个国家不久前正因财富而出名。2004 年，在拥有约七亿美元的信托基金后不到十年，因一笔二点三六亿美元的贷款违约，一位美国金融家得到了瑙鲁所有的资产，瑙鲁政府陷入既没有钱也没有资产的境地。据报道，2008 年，瑙鲁岛的债务已达到十亿澳元，失业率达到百分之九十。凯西·马克斯在一篇题为“南太平洋悲剧”的文章中描述到：“瑙鲁海滨的一排排混凝土棚屋看起来已经废弃了，百叶窗破裂，断壁上满是涂鸦，狭窄的通道上到处都是垃圾。但是这些破旧不堪的房子都是有人住的，最贫穷的人住在里面。”工人数月无薪，电话系统几乎无法运行，航空公司现在只有一架飞机，连轮子都没有了，还有一家杂草丛生的旅馆，废弃的游泳池和高尔夫球场。现在看来，人们热切期待的旅游业能够发展起来的可能性很小。[17]

腐败的海外投资公司、臭名昭著的顾问和他们的领导人，联合起来欺骗管理不善和挥霍无度的岛民。人们想知道，如果瑙鲁政府领导足够明智的话，它的未来是什么样的。

瑙鲁人民的福祉可能取决于经济大国在新世界秩序的争夺中赐予它的一点点好处，这是极不稳定的。

瑙鲁的故事引起了媒体的关注，就算不关注瑙鲁，媒体也会关注别的岛国。瑙鲁已经损失大量金钱，沦为受害者，而这些资金本来可以用来维持国家未来的安全。瑙鲁现在急需收入，于是冒着违法的危险，无视可持续发展的原则出售护照、卫星、捕鱼权以及银行执照，甚至接受处理澳大利亚的核废料。瑙鲁急切地寻求遥远的超级大国的庇护，希望大国支持其不受国际社会欢迎的事业。瑙鲁的国内政治同样动荡不安，正如其人民由于不良的饮食习惯而饱受肥胖、糖尿病和心脏病的困扰一样。

西方媒体倾向于暗示这场悲剧主要是由瑙鲁自己造成的，他们丝毫不想探求根本原因，因为这些原因根植于岛屿的殖民历史中。瑙鲁的悲剧是文化保护和经济发展之间的冲突造成的。这一结果不仅对偏远的小岛国、后殖民岛国造成了影响，也对大陆国家产生了负面的影响。

在与澳大利亚签订补偿协议之后，这个小岛国显然无法获得安全和幸福。像许多突然赢得大笔金钱的人一样，他们缺乏理性，嫌钱烫手，把钱都挥霍光了。这样看来，瑙鲁昙花一现的富裕也许并不奇怪。

从岛国的历史来看，人们似乎不太理解，为什么瑙鲁在独立后仍然允许别国继续采矿。独立后，瑙鲁人可选择的余地很少。与传统的经济相比，磷酸盐工业的规模具有压倒性的优势。世界市场吞噬了瑙鲁、文化和几代人赖以生存的生活方式。磷酸盐为瑙鲁人提供了快速进入西方资本市场的机会。独立实际上是一个“浮士德”式的协议，因为该岛仍然依赖市场，而市场由前殖民国家控制，他们的控制权根基深厚。经过数十年的剥削与殖民，独立后的瑙鲁没有市场优势，在资本的冲击下盲目的将资源变现。

资本主义和全球市场是冷酷的，它们根本不会考虑保护生物多样性、文化和社会。在一个偏远的小岛上，这种影响可以被无限地放大，瑙鲁的悲剧是对未来的警醒。[19]

旅游天堂?

直到二十一世纪早期，瑙鲁的财富都来源于磷酸盐，以及出售化肥实现的资本转化。小岛的经济基础极其有限，因而其经济总体上处于弱势，这在旅游业中表现得相当明显，旅游业存在着许多不稳定的因素。尤其是在太平洋和加勒比地区，岛屿通过打造“旅游天堂”的形象来发展旅游业。从早期欧洲探索岛屿开始，“天堂”一直就是小岛的隐喻。阳光、沙滩、宁静、异国情调和刺激的冒险，都是为了营销打造的卖点。富有想象力的企业家最近一直在利用岛屿独特的地理位置来发展生态旅游业，基于观察地球“原貌”开发冒险旅游业。

寻求经济发展的岛屿迎合了企业家的想法，认为旅游业可以改造自己的经济模式，改变基于农业、渔业以及矿业的传统模式。但是旅游业也有不确定性和依赖性。它依赖市场来确保人们有资金从事旅游活动，在经济困难时期，旅游业通常是最先被削减的，而且它很容易受一些不可预测的变量的影响，如时尚、天气、汇率和运输成本。

在十八个人口低于一百万的岛屿发展中国家中，大约有一半可发展旅游业，旅游业的总收入大于所有实物出口的总和。在马尔代夫等地，旅游业直接或间接产生的国民收入高达百分之七十。但是这种收入不稳定。巴哈马的旅游收入也高达百分之七十，在安提瓜、巴巴多斯、格林纳达、圣基茨和尼维斯以及多米尼加共和国，这一比例远超百分之五十。[20]

旅游业等经济活动产生的大部分资金又流回海外投资者，剩余的则在一些群体内部以不同的方式进行积累，这个群体大部分来自那些在岛外生活的企业家。岛屿似乎成为一个经济交易的舞台，岛民只是被动的旁观者。这就导致了人与人之间的财富和机会产生差距，曾隐含在不发达的经济中的平等不复存在。

在对加勒比地区旅游业成本的广泛批评中，波莉·帕图洛（Polly Pattullo）描述了岛屿社会遇到的众多危险。她特别强调，相对富裕的少数游客团体与众多边缘化的弱势群体之间的差距，导致社会分化的扩大，这种分化是点燃殖民主义的祸根。旅游业的发展依靠的是能提供一条龙服务的独幢建筑，所需物资都是从外国进口的，这也导致分化更加严重。旅游业与经济的其他部分联系薄弱，例如当地的农业和渔业也要为旅游业服务。事实上，像巴哈马和百慕大这样成功的旅游岛屿，大部分食物都依靠进口。像旧的种植园系统一样，旅游业已经被动地依附于其他行业。因此，圣卢西亚百分之九十的旅游业归外国人所有，除了牙买加和巴巴多斯外，很多地方都在复刻这一模式。

帕图洛这样描述一个住在多米尼加崎岖的北海岸的村民：“周围环绕着香蕉园、热带雨林和大西洋……他们很少见到游客。即使是喜欢冒险的人也不会沿着坑坑洼洼的道路走到这里。因此，目前维埃尔村的居民不会去当服务员、编发师或出租车司机；他们不出售免税的哥伦比亚祖母绿；他们的年轻人不卖毒品，也不去找年轻的白人妇女。然而，即使是这样，这些农民和渔民也在为发展旅游做准备。加勒比地区的每个政府都将旅游业视为该地区的经济‘增长引擎’。”[21]

多米尼加将旅游业视为一个替代方案，防止他们的经济过度依赖不稳定的香蕉产业。自二十世纪六十年代以来，香蕉一直由小农种植，香蕉种植也被广泛认为是成功的案例。香蕉种植使当地人能够小规模地种植、销售自己的产品，与糖、可可、咖啡和椰子等其他出口商品不同，没能出口的香蕉可以自己食用。然而，实际上，向风群岛（Windwards Islands）的香蕉出口和营销一直被一家跨国公司吉斯特垄断，价格也由他们规定。因此，农民必须承担种植的一切风险，而且在市场上没有话语权，而巨大的利润份额却由投资者享有。如果这些人介入旅游业，那么后果可想而知。[22]

那些期待旅游业到来的多米尼加的农民和渔民，应该学会利用巴特勒模型——一种旅游业生命周期模型。根据这个模型，旅游发展始于原始未开发的地区。随着基础设施的建设和大众旅游的到来，接下来是高投资的密集时期。随着时间的推移，该地投资潜力下降，但投资仍在继续。之后该地投资潜力持续下降，这需要更多投资来振兴产业，但投资者已抽身，或以低端旅游市场的形式对此地进行低成本改造。如果失败了，那么这个项目的资金就会暂停，项目也就终止了。曾经贫穷和未开发的区域经过资本的一番折腾再次变穷，且无法恢复原始的环境。[23]

旅游业也为走私等犯罪行为提供了土壤。特别是在加勒比地区，那里是靠近南美洲的源头地区，拥有航空和游轮网、大量流动的游客、易于航行且警力不足的水域。据英国出版物《经济学人》估计，仅在 1989 年，就有约二百五十亿美元的贩毒资金通过开曼群岛进行洗钱。据英联邦秘书处商业犯罪部门的一位前负责人称，犯罪组织已经将巨额资金渗透到一些加勒比国家。有人认为，到目前为止，这些资金推动了阿鲁巴的房地产业和赌博业的发展。

特克斯和凯科斯群岛值得特别关注。这片英国的海外领土拥有二十八个小岛，总面积约二百五十平方公里，拥有三万人口，每年可接待约二十六万名游客。如果政府想要发展旅游业，那么就需要将犯罪以及随之而来的政治腐败问题排除在公众视野之外。1985 年，首席部长诺曼・桑德斯和两名政府成员在迈阿密被逮捕。桑德斯被指控收受贿赂，他在从哥伦比亚飞往美国的航班中途加油，从而帮助毒品安全通过。随后他在监狱中度过了八年，但因为政治原因，他后来参加了 1995 年的竞选。

几年后，英国议会委员会指控迈克尔・米西克总理，自 2003 年选举以来他累计贪污十亿美元，后于 2009 年辞职。

直到那时，英国外交部才暂停了当地的议会民主制，并用总督取而代之。总督发现当时的经济受益于过去十年的飞速发展，特克斯和凯科斯群岛因而成为加勒比地区发展最快的岛屿群之一，后因全球经济衰退而破败。岛上一家当地银行随之关门，数以千计的储户和企业血本无归。这位总督面临着数千万美元的债务，而政府无力支付款项并试图大幅削减开支。许多岛民要求英国提供财政援助，因为正是英国导致这种情况的发生，但似乎很少有人支持废除章程，因为这有可能会导致了预算减少。很快，当地政界人士开始呼吁选举。党派人士指出，在岛屿的小型社会中，企业一直通过个人关系“务实”地运作，党派关系通常由家庭决定，送礼现象普遍。

2012 年英国对特克斯和凯科斯群岛的直接统治结束，与此同时，选举进步国家党接手管理。但直到 2015 年年中，七名最高法院法官才驳回了米西克提出的请求，即允许在没有陪审团的情况下对他和其他几位成员进行审判。在小岛上，陪审员与被告一般都有关系，陪审团不可能公平审判。[24]

特克斯和凯科斯群岛的腐败活动能公之于众，主要是因为这些岛屿是英国的海外领土，许多人都关注这件事。在尼加拉瓜大西洋海岸以东 220 公里处的普罗维登斯和圣安德烈斯群岛（Providence and San Andres Islands）等地方，情况就不是这样了。1631 年，伦敦清教徒定居在该岛。岛屿现在的意义在于它可以产生大约 350000 平方公里的领海。但那时，岛屿并没有吸引别的英国人到来，而且自 1830 年以来，这里一直被视为哥伦比亚的一部分。直到 1953 年，哥伦比亚统治者皮尼利亚将军认为，岛上二十五万名讲英语的土著人“不可靠”和“天生好色”。他启动了一项政策，提高了移民率并吸引人们到岛上，他宣布这些岛屿为免税区，并大力投资建设度假村。于是这个小小的免税世界吸引了很多游客。

不出所料，讲英语的少数族裔对这件事感到气愤。现在超过十万人生活在 13 平方公里的土地上，其中许多是为了躲避内战和经济衰退的非法移民，犯罪率高到足以让这些岛屿成为世界上绑架率最高的地方，这实在是让人气愤。岛屿历史学家弗吉尼亚·阿奇博尔德反映了一个事实，直至今日，岛上的一些人仍然觉得英国是他们的祖国，他们声称：“英国应该给予我们更多的关注。我们只能在这个岛上，因为英国把我们的祖先送到了这里。”[25] 我怀疑阿奇博尔德女士受到了英国外交部的冷遇。

与此同时，这些岛屿更靠近尼加拉瓜，尼加拉瓜对这些岛屿的发展感到不安。正是由于这个原因，普罗维登斯和圣安德烈斯成为海牙国际法院诉讼的对象，该法院于2012年裁定这些岛屿属于哥伦比亚，同时又宣布尼加拉瓜具有海域的控制权，而这些海域附近的海床具有一定的石油储量。

普罗维登斯和圣安德烈斯因为免税而吸引了大量游客，但更重要的是，就像整个加勒比海和太平洋地区一样，游客会被美好的旅游形象所吸引。而且，无论现实情况如何，旅游业都会积极宣传这种形象，并将其牢牢嵌入潜在客户的意识中。一个多世纪以来，圣安德烈斯一直是走私中心，犯罪率居高不下。但这并没有阻止官方旅游网站仍将其描述为“天堂小岛”。[26]

无论历史如何残酷，无论土著如何被灭绝和奴役，无论飓风和火山爆发造成怎样的破坏，无论游客如何长期被困在机场、海滩上，以及旅游活动如何受到高度控制，无论当地人到底是什么样，当地人的形象都必须被塑造为“友好”，无论有多少证据能够证明他们并不友好，而小岛都必须是“天堂”。游客们将岛屿想象成一串珍珠，周围环绕着湛蓝、平静的大海和棕榈树，静谧的港湾怀抱着茅草屋，这些都是必需的，这里永远洋溢着温暖的阳光，微风中飘着淡淡的香气。他们一定不会失望。这片土地硕果累累，尽管宣传册上当地人很少，但在色彩缤纷、乐趣多多、慵懒和异域风情中，人们的关系一定和谐美好。

这种奇幻的旅游愿景一般不受现实问题影响。尽管斯蒂芬森将反乌托邦设定在一个不美好的岛屿上，那里的生活可能是“卑鄙、野蛮和短暂的”，人们疾病缠身，到处都是背叛和残酷，但因为《金银岛》与“天堂”有关联，所以宣传者还是积极地将其宣传成“天堂”。

如果“天堂”概念已经过时，那么可以找另一个吸引点，那就是将岛屿塑造为地球上仅剩的“新前沿”。2016 年 8 月，豪华游轮水晶尚宁号开始了为期三十二天的航行，它将穿越西北航道的许多岛屿。为了应对比预期更多的冰山，一艘载有两架直升机的破冰船随游客同行。游轮组织者强调了了解自然、历史和文化的重要性，以及对沿途的聚落产生积极影响的必要性。

他们参观社区庞德因莱特，一千名乘客与岛上一千四百名因纽特居民见面。2014 年 11 月，《电讯报》的马丁 · 弗莱彻（Martin Fletcher）这样描述庞德因莱特：“麻烦之地，岛民在很大程度上失去了与土地的联系，处在令人遗憾的边缘地带，夹在两种截然不同的文化之间”。[27]

在这里破旧不堪的房子供不应求，消费品价格令人咋舌，还有家庭暴力、营养不良、肥胖、糖尿病和高辍学率等问题，自杀率（尤其是年轻人）是全国平均水平的十倍。这里的文化因失去狩猎传统而变得毫无意义，其他的一切也不复存在。

据报道，水晶尚宁号的最高票价为十二万美元，许多富人可以进行奢华的旅行。旅游业带来了探险者和商人，前者带来了疾病，后者削弱了当地传统的生存方式，在旅游业落没后带来饥荒；传教士的到来削弱了传统信仰，还要求游牧民族永久定居。

岛屿文化与外部世界碰撞经常会产生悲剧性的后果，其影响往往是致命的而非积极的。在现在的岛屿旅游中，富人能够舒适安全地观赏穷人，即使全球变暖，他们也能进行豪华游，产生大量的碳排放。与此同时，因纽特人不得不面临着现实问题，其中一个就是因为全球变暖，岛屿在承受更大的气候灾害危险的同时成了资源开发和利用的对象。历史表明，这可能是致命的。[28]

被旅游业创造出来的小世界往往没有太多的伦理空间。因此，当一艘美国游轮抵达皮特凯恩群岛时，岛上正在审判七名领导，他们被控强奸和虐待儿童，凯西·马克斯（Kathy Marks）的描述略显荒诞："让我们相信，传说中的邦蒂岛一切都是美好的。让我们相信，皮特凯恩岛民都是优秀、正直的公民。让我们相信，叛乱者中一半的男性继承人，包括我们的午餐主持者，没有被指控犯罪……我们应该到他们的家中探望他们，购买他们的纪念品，与他们合影，并且平等地看待他们。"[29]

第五章

政治依附和动荡

如果你希望在政府的悉心管理下，在小岛上过平静的生活，那么很可能你会失望。事实上，你可能会发现人人都想争取小岛的统治权，它已不是一个人人平等的乌托邦。因此，在圣基尔达、英吉利海峡群岛、特里斯坦－达库尼亚群岛、复活节岛、皮特凯恩群岛、克利珀顿环礁、加拉帕戈斯群岛和巴布亚新几内亚，会有人来到岛上并宣布他们拥有统治权。有些人只是从大陆国家逃出来的机会主义骗子，有些人可能是真诚地寻找能让社会思想生长的沃土。但相同的是，他们宣称的统治权只是虚张声势。

不寻常的统治者

在各种岛屿上都曾出现过关于统治权的虚假声明。在圣基尔达，“冒名顶替者”罗德里克利用岛民的无知，于十七世纪末建立了神权政治。在英吉利海峡群岛，一位渔民于 1848 年自封为“艾逵湖之王”，1857 年，维多利亚女王访问泽西岛时，默认了他自封的地位。[1]

1811 年，也就是特里斯坦－达库尼亚被英国吞并的五年前，自封的“特里斯坦–达库尼亚皇帝”在遥远的岛屿上建立了虚假帝国。乔纳森·兰伯特（Jonathan Lambert）是一位美国海盗，他带着五名船员和大量宝藏登陆。他计划在世界上最偏远的有人居住的群岛上建造一个贸易站，并将岛屿改名为“重生群岛”。但兰伯特很快意识到这次冒险注定要失败，于是他向王室发出了一封信要求救援。三年后，当一艘英国船只抵达时，意大利人托马索·科里（Tomasso Corri）是特里斯坦唯一活着的人，这时王室仍没回信。人们怀疑托马索·科里因为宝藏谋杀了他的商业伙伴，但更合理的解释是，兰伯特在 1812 年的一次船难中丧生。

六十年后，在复活节岛上，法国船长让–巴蒂斯特·奥内西姆·杜特鲁–博尼尔（Jean-Baptiste Onéstime Dutrou-Bornier）宣布了他在岛屿上的专制统治，并运走了土著拉帕努伊人。差不多同一时间，大概在十九世纪八十年代，一个自称“大洋洲皇帝查理一世”的人，在巴布亚新几内亚的新爱尔兰南部建立领地。[2]

1832 年，约书亚·希尔（Joshua Hill）登陆皮特凯恩岛，希尔宣称自己是被英国政府派来负责管理当地事务的。实际上，他不是政府派来的，他只是一个游历南美洲和太平洋岛屿的冒险家。他受过良好教育并声称有英国贵族血缘，非常擅长欺骗偏远地区的岛民。[3]

这些自封的“统治者”只是昙花一现，那些不明确且简陋的法律对岛屿的日常生活来说是一场灾难。一方面，外来人能随便宣示主权，是因为岛屿太远了，很少有人来。另一方面，帝国不重视对小岛的管理，他们希望花更少的钱，承担更少的责任，就能在遥远的岛屿上得到最好的发展。岛民感受到了不被重视，受够了贫穷或者被当地腐败领导的摆布，就很容易被外来人奴役。

然而，这种非常规统治有着更久远的历史。在英吉利海峡群岛的萨克岛（Sark Island），不合时宜的统治可以追溯到1563年。该岛拥有大约六百人口，是一个拥有自己的司法和法律体系的王室附属地。直到最近，在六十二名当地议会代表中，只有十二名是通过选举产生的，剩下的则是通过领主来指配，而领主的位置是世袭的。因此，该岛屿的治理具有一定的封建性质。[4]

在某些情况下，金钱能使民主转化为专制统治。在加勒比海地区，从1981年弗尔·伯德当选总理到2004年他的儿子莱斯特·伯德当选国家领导人期间，庞大而富有的伯德家族一直掌控着安提瓜的政治。据一些批评人士称，家族式的统治让他们免于腐败和滥用职权的指控，特别是在贪污旅游基础设施投资、窝藏罪犯、向犯罪集团走私武器等重大指控。

在其他地方，专制统治已经成功地遏制了民主的发展。1827年，约翰·克鲁尼斯·罗斯（John Clunies-Ross）定居在科科斯（基林）群岛，该群岛位于珀斯西北约2750公里处，由印度洋的二十六个珊瑚礁组成，面积仅14平方公里。1886年，维多利亚女王将其"永久"地授予克鲁尼斯·罗斯家族。据称，第一代人开辟了椰子种植园，并从东印度群岛引入契约劳工。工人通过劳动获得塑料钱币，可以在公司的商店兑换物品，而罗斯家族负责提供教育。第四代克鲁尼斯·罗斯亲自教育当地儿童，从事医疗和牙科工作，并主持自己的法庭。这家人坚持要给每个出生在科科斯（基林）的孩子取名。那些反对这些安排并选择离开岛屿的人，永远都不能再回来。

对于这个体系，第五代约翰·克鲁尼斯·罗斯认为，这种"家长式"的统治实现了很多民主性的目标：保障就业的带薪假期、全面医疗保健和养老金制度。后来，他声称，随着民主制度的建立，这些社会福利都没有了。[5] 导致这一改变的是澳大利亚政府赞助的联合国环礁特派团，该特派团认为，罗斯家族与其工人之间的关系是不合时宜且封建的。那时，澳大利亚想要争取岛屿的主权，1955 年终于达到目标。因此，第四代克鲁尼斯·罗斯家族以六百二十五万澳元的价格出售了该岛群，从而避免强制买卖。1984 年，联合国发起一次投票，岛民选择完全融入澳大利亚过另一种生活，从家长式的绝对统治下解脱出来，接受西澳大利亚法律的约束，并由堪培拉的一位议员代表他们发言。然而，后来几乎没有人探望岛民，他们觉得被完全忽视了。约五百名契约劳工的后裔“可可马来人”至今仍住在岛屿上，大部分人依赖社会福利生活。约翰·克鲁尼斯·罗斯家族不再住在祖传的豪宅中，而是在岛上的一座平房中。西岛居住着大约一百名欧洲人，其中大部分是政府派来的公务员。澳大利亚接手后不久，椰子产业就衰败了。此外，据估计每人每年政府需要支付的服务费约为四万澳元。

但澳大利亚并不会将此放在心上，因为科科斯（基林）岛具有重要的战略意义。

独立还是自治

政治独立产生的效益比岛屿本身的规模和资源基础要多得多。独立的岛国可以选择通过多种渠道增加收入，包括经营自由港、为金融机构和投资创造有利环境、接受国际赠款等，并且在国际社会中有话语权。

独立的岛国可以掌握自己的经济发展，因而很多岛国想要独立。例如，卡纳克社会主义民族解放阵线一直积极为新喀里多尼亚（盛产镍）

寻求独立；在盛产铜的布干维尔，革命军一直想脱离抗巴布亚新几内亚。独立可使新成立的国家依赖其资源直接繁荣起来，但是，许多岛屿的经济脆弱，它们往往需要海外投资来开发自然资源，因而失去对资源的控制，回报也相应地减少。即便如此，正如我们在瑙鲁的例子中所看到的那样，如果没有勤勉的战略管理，单一依赖资源财富很难维持治理。

岛民往往渴望摆脱与他们有政治联系的邻近岛屿的影响，就如同渴望摆脱殖民统治一样。从古至今，岛际冲突不可避免地倾向于政治分裂而不是联盟。事实上，岛民一直践行的是“他们不满自己身上的岛民性，但同时也对这一种观点不满。他们认为自己与邻居完全不一样，特别是在语言、习俗、法律、货币、政府体系，以及能够证明他们是自成一体的小团体的一切标志上。因此，小岛往往只有在外来压力下才会团结起来”。[6]

岛民希望保持他们的独特性，并在反殖民主义的浪潮中开始要求独立。正如吉尔伯特和埃利斯群岛（Gilbert and Ellice Islands）分裂为基里巴斯和图瓦卢，美国的托管领土（Trust Territories）分裂为密克罗尼西亚国家。马约特岛（Mayotte）在独立后脱离科摩罗，成为法国第一百零一个省。1997 年昂儒昂岛（Anjouan）和莫赫利岛（Moheli）企图恢复法国统治而宣布独立于科摩罗，但这一提议被法国拒绝，导致暴力冲突，最终法国的宪兵夺取了政权。有很多报道认为法国侵犯了人权。法国一直占据着主导地位，直到 2008 年非洲联盟和科摩拉军队将统治权夺回。

特立尼达拉岛和多巴哥岛、库拉索岛和荷属安的列斯群岛北部等岛屿的关系也很紧张。在西印度群岛的其他地方，1883 年，圣基茨和尼维斯与安圭拉一起成为英国联邦的一部分，直到安圭拉于 1967 年宣布独立于英国。圣基茨和尼维斯联邦于 1983 年宣布独立，随后尼维斯岛（人口约九千人）人开始对圣基茨岛（人口约三万两千人）人指手画脚的态度产生怨恨情绪。这导致尼维斯启动分离的宪法程序，该程序在 1998 年的全民公投中以微弱的劣势被击败，此后，尼维斯的政客似乎倾向于改革宪法，从而与圣基茨分离。

岛民对独立的渴望和热情似乎被现实惨淡的经济状况冷却了。事实上，经联合国非殖民化特别委员会确认，上一个岛屿宣布独立已经过去了差不多三十年。更多的岛屿渴望更大程度的自治，并让岛民积极参与到岛屿事务中，他们不得不承认依附于其他国家可以产生更多的社会经济利益，包括与“母国”进行自由贸易，获得出口优惠、丰厚的赠款和社会福利援助，减免借款的特殊税收，得到对基础设施和通信项目以及卫生和教育系统的援助，自然灾害的救济，得到对外防御甚至内部干扰的保护。

二战后，很多岛国全力争取独立，但有十六个附属的岛国通过投票没有获得独立。这些岛屿的面积非常小，平均人口和面积不到实现自治的岛的百分之十。虽然没有自治权，但附属领土有着更高的国内生产总值、电力生产总值、国内生产总值增长率、人均机动车拥有量等，以及更低的失业率、婴儿死亡率、师生比率，岛民的预期寿命更长，标准教育成绩更高，人均拥有的医生和病床更多。[7]

然而，这种相对的社会经济优势基础并不牢固。由于岛屿面积小、人口相对密集，更容易受到飓风等自然灾害的影响。它们的经济往往由旅游业主导（原因已经讨论），但旅游业通常具有周期性，不稳定。岛屿也更多地参与离岸金融活动，这些活动依赖于动荡的国际市场以及在数千公里之外的“母国”，而他们与外界的联系太过薄弱，无法接收很多消息。

岛国也容易受到经济全球化的影响。除非岛屿本身具有重要的政治和经济价值，否则主要经济大国不愿对前殖民地慷慨解囊。英国对马尔维纳斯群岛的干涉就是个例子。在财政和经济困难时期，当大国感受到自己投资的资本市场走向不明朗时，像英国和法国等国家会牺牲附属地区，优先考虑自己的利益。事实上，这些附属岛屿大部分都在“母国”数千公里之外，除非有自然灾害或丑闻，否则很少会出现在公众视野中，这可能会让它们远离政治议程，让人眼不见心不烦。

岛屿的发展依赖遥远的主权国家的实力和财政承诺，但这些主权国家通常缺席，不清楚岛屿情况。主权国所承担的实际责任总是不确定的，近代的附属岛国被主权国严重忽视，因为伦敦外交部的处事原则很现实，在巴黎如此，在华盛顿也是如此。

英国残酷的外交政策决定了查戈斯群岛的人民可以被清除、运输、驱逐——当时的说法是“清扫干净”，从而为美国的基地建设让路。而马尔维纳斯群岛受到照顾，则是因其丰富的沿海野生动物、渔业资源、潜力巨大的海上石油，以及英国对其占领岛屿而无视阿根廷主权要求的不正当性。

马尔维纳斯群岛的条件

一些政治经济动荡的岛屿，历史转变很快。正如1993年，太平洋上的瑙鲁岛人均财富超过美国和沙特阿拉伯，但到2004年就破产了。马尔维纳斯群岛的历史转变却是反着的。1985年，记者西蒙·温彻斯特（Simon Winchester）笔下的马尔维纳斯群岛工业很少，岛上有五十万只羊，却没有羊毛加工企业。近一半的牧场由科特莱无烟燃料公司旗下的一家公司经营，他们将土地分割成农场，交由名义上的地主以近乎封建的方式经营。渔业还处于空想阶段。英国人想在此发展旅游业，但当地只有沼泽和无尽的裸露的岩石，而且岛上经常是狂风骤雨，到处是盐沼地。[8]

此后，马尔维纳斯群岛的“条件”开始发挥作用，1982 年，英国与阿根廷争夺该岛的主权，马尔维纳斯群岛也叫马尔维纳斯群岛，目前由英国占领控制。这次主权争端转移了公众对英国国内紧急事务的关注。英国在争端后依然占领岛屿，并大力投资这个岛屿以获得巨大的经济效益。到 2010 年，马尔维纳斯群岛的生产总值从五百万英镑增加到一点零五亿英镑，人口增加了百分之六十五，渔业蓬勃发展，这一过程被描述为“从牧羊统治到鱿鱼统治”。马尔维纳斯群岛的社会、政治、经济和文化都发生了巨大改变，建立了新的通讯、学校、医院、船坞、超级赌场，还有三点五亿英镑的新空军基地，这些都带来了充分的就业。

最重要的是，最近的勘探表明，马尔维纳斯群岛附近的石油储量价值超过六百亿英镑。马尔维纳斯群岛希望实现经济自给自足也就不足为奇了，这正是英国政客关心的问题。鉴于驻军的费用每年超过六千万英镑，而英国在 2011 年对该地的拨款总额为四千六百万英镑，想要实现经济自给自足非常的困难，除非未来的石油和天然气开采能够带来巨额利益。

1982 年冲突后，英国和阿根廷断交，于 1990 年根据“雨伞计划”恢复关系，双方接受主权问题的分歧并继续开展其他业务。例如，英国解除了阿根廷私人飞机和船只访问的禁令。1995 年双方公布了一项联合开采石油的计划，并同意共享有关可持续捕捞的数据。但这些协议遭到阿根廷历届政府的否定和重审，近年来主权问题变得更加突出。正如一位批评家所言：“一旦有关石油的谣言传出，就会‘毒害’谈判，就像浮油使大海变黑一样。如果这些岛屿无足轻重，它们的命运显而易见。而现在随着‘赌注’的增大，问题也越来越难。”[9]

与此同时，阿根廷继续斥责英国 1833 年夺取岛屿时使用了不公正手段，并断言，英国向联合国提出的主张是错误的，该主张认为岛民自愿选择被英国而不是阿根廷统治。

新闻中都认为马尔维纳斯群岛的居民是“世界上最幸运的工人阶级”[10]，这种说法是有迹可循的：当地的渔业价值越来越高，石油资源具有重大潜力，还有英国可观的拨款和基础设施支持，但这仅是因为该群岛经济政治价值巨大，英国其他海外领土的居民就有充分的理由认为自己不那么幸运。

殖民地残余

除了伦敦管理的两百个比较分散的岛屿之外，英国就没什么别的附属岛屿了，除了最大的半岛直布罗陀半岛。西蒙·温彻斯特几乎走遍了英国每一个附属岛屿——英属印度洋、特里斯坦-达库尼亚群岛、阿森松岛、圣赫勒拿岛、百慕大、英属西印度群岛，他与大部分当地的英国代表进行了交谈。他的结论是，这些岛屿“被历史所困，注定要陷入财政不足、拮据、精神萎靡和不幸的困境”。[11] 应该指出的是，不仅是附属岛国对伦敦政府有这种看法。在前权力下放时期，苏格兰和威尔士的政客经常指责伦敦政府的冷漠态度。

例如，圣赫勒拿岛大约有 120 平方公里，距南美洲 3100 公里，距非洲 1850 公里。从开普敦最近的国际机场出发，需要五天的船程到达。一些岛民是奴隶的后裔，还有一些是在 1666 年大火中无家可归的伦敦人的后裔。旅行作家哈里·里奇于 1997 年访问该岛时，得知每年仅有三百名游客登岛，他将其描述为“一段令人沮丧、羞辱的经历。当地人是热情的东道主。岛民的客厅里都挂着皇室的照片。显然，英国并不关心这个殖民地”。[12] 岛屿上几乎没有私营企业、区域市场，也没有外部投资。里奇访问岛屿时，岛屿的进口总额为四百七十万英镑，出口主要靠邮票、冷冻金枪鱼以及非常昂贵的咖啡和蜂蜜创汇，价值仅十四万五千英镑。岛屿上的失业率达到百分之十八，政府给予的补助为每周四十英镑。

许多圣赫勒拿岛的岛民在阿森松岛和马尔维纳斯群岛工作，他们约占人口的四分之三。批评者认为，圣赫勒拿人因其忠诚而被忽视，并且只能成为南大西洋的一种流动劳动力。[13]

在 2002 年的选举中，总督遭到袭击，五人组成的执行委员会中，有两人因声称总督像独裁者而辞职。随着新宪法的出台，紧张局势有所缓和，但圣赫勒拿的人口从 1998 年的五千二百人逐步下降到 2008 年的四千二百五十人。

英国政府冒险决定在岛屿上建造一座机场，耗资将近三亿英镑。从长远来看，该机场连接着英国与南非，可以提供就业和发展旅游业。该地旅游业的最大卖点是拿破仑的囚禁处，每年可接待三万名游客，从而使该岛自给自足。如此，预计每年能减少英国政府两千六百万英镑的资助。一开始这是一项乐观的计划，可目前为止，该机场还没有商业航班，这个项计划沦为空想。岛屿上布满了湍流，常有狂风，还有附近的两座山产生的难以预测的阵风。达尔文在十九世纪初就注意到了这些，机场的可行性调查中也提到了这些，但英国国际发展部似乎忽略了这一点。英国迄今为止做出的唯一决定似乎是，不能铲平那两座山头来解决阵风问题。

法兰西帝国的残余势力几乎都在岛屿，包括法属波利尼西亚的大溪地（Tahiti）、穆鲁罗阿（Mururoa）和方加陶法（Fangataufa），西太平洋的新喀里多尼亚（New Cadelonia），中太平洋的瓦利斯和富图纳（Futuna），东非的马约特岛，西印度群岛的瓜德罗普岛（Guadeloupe）和马提尼克岛（Martinique）以及印度洋的留尼汪岛（Réunion）。不包括位于南美洲东北海岸的法属圭亚，因为它不是一个岛屿，但包括萨卢群岛（Islands of Salut）。

尽管南太平洋与法国关系密切，因为一些岛屿国成员被选入法国议会，但批评者认为，南太平洋的独立运动众多，民众被消费主义裹挟，其资金主要集中在城市地区，导致岛屿偏远地区的人口减少，越来越多的城市贫民生活在贫困线以下而法国对比毫无作为。

法国核武器试验多在其控制的岛屿和环礁上进行。随着试验的暂停，法国的大部分军事基地都成了多余，法国可能会支持波利尼西亚属地的独立运动，以卸下此累赘。这将使许多岛民陷入两难境地，他们可能会选择依赖法国，就像加勒比地区的岛民一样。

革命复兴

独立运动激烈的地方，例如巴布亚新几内亚的布干维尔（Bougainville），其主要的经济资源岌岌可危。然而，内部政变的原因很难界定。对于一些岛国来说，政变已经习以为常了。科摩罗是这样，斐济也是如此。在其他国家，如马尔代夫，一个历史悠久的专制政权利用所谓的警察政变就能推翻该岛第一个短命的民主政府。[14]

科摩罗于 1961 独立于法国，此后该岛国发生了大约二十多次政变，但都没有成功。其中，鲍勃·德纳尔（Bob Denard）领导下的南非雇佣兵参与了数起政变。

德纳尔曾经将岛屿看作个人领地进行管理：他取得了科摩罗公民身份，与当地人结婚，并在 1978 年至 1990 年期间担任国家安全首长，他雇佣约三十名雇佣军来充当总统的警卫。德纳尔参与的第四次政变被法国远征军击退，标志着他作为颠覆性政治力量的消亡。接下来的二十年里，他不停地在法庭上为自己辩护，声称他的这些行动都获得了法国安全部队的协助。

2008 年，马尔代夫新总统穆罕默德·纳希德（Mohamed Nasheed）成为小岛的气候变化大使。2008 年，在赢得马尔代夫第一次民主选举之前，他曾被政府羁押。2012 年 2 月，他被迫下台。2012 年年底，马尔代夫作为旅游天堂的形象受到质疑，他们被指责警方屡次严重侵犯公民权利。这种情况让英国政府感到尴尬，于是英国很快又接受了民主选举出的纳希德，同时也很快承认政府发动过政变。现在只要一遇到“误解”，英国就会以前总统是政治难民身份来推卸责任。[15]

第六章

地理位置的绝对优势

在世人眼中，地处偏远、面积小、人烟稀少的岛屿最大的价值就是它的地理位置。因此，它们的作用是具体的、对外的，通常用于贸易、通信、建设军事基地，以及作为帆船补给点、蒸汽船加油点、电缆站、长途飞机加油站、卫星跟踪站和武器测试点。原住民要么不复存在，要么被疏散，要么被忽视。地缘政治、战略的需求和技术的发展决定了岛屿在必要时是否需要减少、撤离或者增加人口。

然而，如今已不是航海时代了，人们会认为岛屿失去了曾经的优势。但事实并非如此，岛屿的隐蔽性就是它自身最重要的优势。岛屿相对来说容易操控，在岛上进行武器试验等活动不会对大部分人类造成影响。在军事冲突时期，它们具有极大的作用，然而除了地理位置，这些岛屿仿佛一无是处。

也许未来的小岛上会建设核能发电站。二十世纪八十年代初，欧盟委员会在一份报告中也表达了此意。符合条件的岛屿需要有充足的冷却水供应，还要既位于电力供应中心的经济范围内，又有宽广的水域作为隔离，那些会对人类社会带来危害的产业，如天然气、石油码头以及化工厂，也都想把工厂建在这样的岛屿上。据说，英国会对 20 公里以内的海岸进行开发建设，尤其是在东南海岸、布里斯托尔海峡、威尔士和莫克姆湾附近。

事实上，在英国周边建造岛屿是有先例的。摩恩塞尔海洋堡垒——以其设计师的名字命名，看起来像一个放在空心钢铁和混凝土腿上的巨大铁箱，这个堡垒就建造于泰晤士河口的哈里奇和马盖特之间。建造海洋堡垒的目的是为了拦截飞去伦敦的飞机，并阻击敌方潜艇的布雷。最重要的是，这座堡垒是在最激烈的闪电战后建的，因而雷达范围扩展到了欧洲海岸。对于在堡垒上服役的三千名士兵来说，岛是可怕的地方，枪声震耳欲聋，其余时间都要在密闭的铁箱中等待。士兵们祈祷漂流的水雷、潜艇或德国飞机不会袭击堡垒的军火库。比起敌人的袭击，自杀和逃跑的士兵对军队的破坏性更大。[1]

决策者将岛屿视为专门放有害物品的地点，这种想法就是承认，将岛建在“外面”，而不是“里面”，就是让它远离国土，眼不见为净。这种想法是危险的，但至少它在某种程度上解释了为什么近海岛屿将被用于处理有毒货物。

位于西太平洋的帕劳（Palau）一直拒绝美国提出的建议——在岛屿上处理危险的化学品和储存武器。美国因不顾这种反对声音而遭到批评，后来只得在自己国家附近寻找岛屿。据报道，1997 年，美国陆军工程兵团在寻找储存工业废物的地方，其中一个选择就是在史泰登岛（Staten Island）和新泽西海岸之间建造一个占地 1000 公顷的污染废物岛。这个构想中的人造的、充满有毒物质的岛屿比康尼岛（Coney Island）还要大。最终这个方案没有被采纳。

超现实纠纷

近些年来，加拿大一直在争取在北极地区的主权。早在 1953 年，因纽特人就从魁北克北部的定居点搬到了埃尔斯米尔岛（Ellesmere Island）的格赖斯峡湾和康沃利斯岛（Cornwallis Island）的雷索卢特湾。后来因纽特人要求对搬迁过程中侵犯人权的行为进行赔偿，但政府的首要任务是在这些岛屿上“保持存在”——这是表明主权的一种方式。

北极地区的争端焦点是格陵兰岛的控制权。全球变暖导致北部水域的冰面减少，从而使得矛盾激化。2007 年夏季，西北航道首次出现了完全无冰面的情况，并开设了豪华班轮并有破冰船陪同，为人们提供从阿拉斯加到纽约的“探险”服务。最重要的是，西北航道上可能存在石油和天然气等资源。

小岛超现实的地缘政治性质在其他地方也很明显。二十世纪九十年代初期，加拿大与法国政府就圣皮埃尔和密克隆群岛（St Pierre and Miquelon Islands）发生冲突，该群岛距纽芬兰海岸约 25 公里处。法国政府与六千五百名岛民（其中约两千五百人从事传统的鳕鱼捕捞）发生冲突。加拿大一直希望改善海岸周围的保护措施，并只允许法国有约 22 公里的捕鱼专区。而法国希望有约 370 公里的捕鱼区（一个专属经济区）以便控制捕鱼的配额，以及占有潜在的石油和天然气资源的所有权。据报道，与此同时，岛民认识到岛上渔业的重要性，无视加拿大规定的捕捞配额，并强烈地反对法国政府向该地区派遣工厂船的计划——他们迫使一架军用飞机返回巴黎，并向一艘法国海军军舰扔鱼头，使其不得不在海洋上漂流！

当摩洛哥边防部队来到距离摩洛哥海岸不到1公里的佩雷吉尔岛（Perejil Island）时，他们遭到了当地人袭击，他们只带了一台收音机、一些帐篷和一些旗帜。摩洛哥官员愤怒地声称，他们只是想设立一个观察哨以打击从非洲到欧洲的非法移民和潜在的恐怖主义。这个行为可能得到了国际社会的认可，但西班牙并不认可。尽管西班牙承认该岛没有战略意义，其主权归属也相当模糊，但他们认为，这个行为侵犯了西班牙的领土。

希腊和土耳其在争夺爱琴海东南部岛屿的主权，这个争端带有强烈的喜剧色彩。两国的对立由来已久，近年来的焦点是分割塞浦路斯。1994年，前美国助理国务卿将塞浦路斯描述为“世界上最热的地方”，暗指塞浦路斯人计划购买导弹，向土耳其领空发射，他们担心土耳其可能会先发制人进行攻击。国际社会致力于确保两国之间的和平关系，所以当争端升级时，国际社会觉得该问题严重，就像许多岛屿纠纷一样，这些问题显然超出了岛屿的承受范围。

1995年12月25日，一艘载有混凝土的土耳其货船在伊米亚（在土耳其称为卡达克）搁浅，希腊当局被告知希腊与此无关，因为该岛位于土耳其的领海内。附近的卡林诺斯岛（Kalynmos Island）的市长大怒，在伊米亚岛（Imia Island）插上了希腊国旗，之后一些土耳其记者涌了进来，插上土耳其国旗取而代之。此后希腊和土耳其海军都抵达此岛。尽管国际危机迅速升级，该市长态度依旧强硬，宣称：“根据国际条约，该岛和其他一些小岛都是希腊的。当某些东西属于你时，即使它只是一块石头，你也会努力保护它，就像对待自己的院子一样。而伊米亚岛对我们来说就是我们自己的院子。”

一次，希腊和土耳其突击队各占领了伊米亚的一部分，在此期间，一架直升机坠毁，三名希腊人丧生，希腊士兵们在调解员介入后才撤离。两国之间的冲突可以追溯到 1947 年，当时按照条约，应当将意大利占据的岛屿归还给希腊，但土耳其声称，条约的措辞被误读了，卡林诺斯岛并不临近伊米亚，而是在 9 公里之外，而土耳其的博德鲁姆半岛（Bodrum Peninsula）则在 7 公里之外。土耳其还声称伊米亚不是一座岛屿而是一块岩石，土耳其人认为这一差异很重要。一位英国资深政治家评论道：“拿伊米亚举例，我们看到，一个多岩石、无人居住的小岛几乎导致了地中海东部的一场战争。”到目前为止，该问题仍未解决。

岛屿的作用

岛屿是全世界资源竞争的焦点，而鱼类只是其中的资产之一。米金戈岛（Migingo Island）位于肯尼亚和乌干达交界处的维多利亚湖上。它只比半个足球场大一点，约有五百常住人口，这一定是世界上人口最稠密的地方之一。事实和研究都证实，维多利亚湖正在消亡。预计十年内，水位将下降约一米，湖周围有三千万贫困人口，渔业、工农业无人管理。随意的污水处理导致了水体富营养化和高酸度，而这为水葫芦的入侵提供了便利条件，导致它在湖面上大面积繁殖。鱼类资源减少了约百分之七十，米金戈岛周围的水域成为该湖最后的生产区，每年可向乌干达出口价值六千万英镑的尼罗河鲈鱼。十多年前，传说该水域的生产力惊人，导致越来越多的渔民从三小时车程外的肯尼亚和六小时车程外的乌干达来到这里。

不久之后，犯罪事件频发，并且在一段时期内，一个残暴而腐败的团体统治了这里。此后乌干达和肯尼亚军队介入，以保护岛民的安全为借口争夺主权。那是一个不到半公顷的区域，“那是一块岩石……堆满了生锈的金属棚屋、成堆的垃圾，还有目光呆滞的渔民和成群结队的妓女。它在东非引起了众怒，并且引发了严重的危机，使得肯尼亚和乌干达之间的战争一触即发。”[2]2009 年 5 月，乌干达政府承认距肯尼亚仅五百一十米的米金戈岛属于肯尼亚后，秩序得以恢复，他们撤出了军队和警察，但肯尼亚渔民在乌干达附近水域非法捕鱼的争议仍然存在。

在其他地方，智利和阿根廷正在争夺比格尔海峡以南的诺克斯、皮克顿和努埃瓦。它们的价值在于潜在的近海石油和天然气资源。正如我们在讨论专属经济区时所看到的，这些岛屿决定了南边的潜在深水资源的归属。因此，即使远至合恩角岛（Cape Horn Island）南部，甚至更远的迭戈拉米雷斯群岛（Diego Ramírez Islands），智利的小型基地仍然可以监测到那里的天气，以及阿根廷船只和通信。[3]

在合恩角以南约 800 公里处，在乔治王岛（King George Island）几平方公里的无冰土地上有由九个国家组成的科学基地，他们为何对这片土地拥有如此浓厚的研究兴趣，我们不得而知。乔治王岛是一个无须使用轮船就能到达的南极洲区域。

南极洲是最干燥、最冷、风最大的大陆。它不是一个国家——没有政府或土著居民，根据 1961 年生效的南极条约，它是一个基于国际合作的自我管制的科学保护区。该条约由五十个国家签署，该地禁止一切军事活动，理论上以科学指导所有人类活动。

仔细观察就会发现，三十个国家建立了大约七十个基地，其中大约有二十五个在岛上。根据条约，直到2048年之前，南极领土主权问题将被搁置，南极洲在挪威、澳大利亚、法国和新西兰之间纵向分割，阿根廷、英国和智利在南极半岛的主权有所重叠。美国成为超级大国后，就扩大了在南极洲的基地范围。许多其他已建立或计划建立基地的国家，都有意愿加入国际科学团体，从而使其在南极洲的权利"合法化"。

但现实的政治不仅需要这种国际科学协作。智利和阿根廷在南极洲上有强大的兵力部署，而其他国家则使用民用承包商来执行主要的军事任务。南极的天空异常晴朗，没有无线电干扰，这使得这里非常适合进行深空研究和卫星跟踪，也适用于秘密监视系统和远程控制进攻性武器系统。

据估计，有两亿桶石油位于南极冰层深处，总量超过了科威特或阿布扎比，但这不是国际社会在南极建设科考站的根本原因。

曾经，人们只在这些站点建设了一堆木屋，但现在都变成了基于实际情况的超现代建筑，这些建筑甚至可以应对冰层移动的问题。观察者将其描述为"冰上大使馆……这是一个国家科技实力和国际地位的象征"。[4]

随着主权声明和矿产勘测的暂停，各个国家通过建造"可持续研究活动"的必要设施来强化自己在南极的存在感，这些活动能让他们在决定南极洲未来的大会上投上关键一票。

距离瓦尔帕莱索市3700公里的复活节岛过去由智利军队管理，该岛被认为具有重要的战略意义，是抵御敌国进攻的前沿基地。岛屿的军事化也是心理战略焦虑的反映，正如我们论述的，这种焦虑经常折磨着"吃岛"的国家——在这种情况下，智利担心如果不采取行动，敌对国可能会利用复活节岛先发制人。1985年，美国出台了一项延长简易跑道的计划，表面上是为飞机提供紧急着陆点，但批评人士称，这将使复活岛被纳入备受争议的防御计划范围内。[5]

1816 年，当拿破仑被流放到 1100 公里外的圣赫勒拿岛时，英国将南大西洋的阿森松岛作为防御点，在特里斯坦 - 达库尼亚群岛临时驻军。它曾是黄热病患者的疗养院，海上加煤站，也是飞艇全盛时期的中转站。

第一次世界大战期间，阿森松岛被用于建立电报站，在第二次世界大战期间被用作海军站和航空站。它曾拥有世界上最长的飞机跑道。美国宇航局在此跟踪登月，欧洲航天局在此跟踪从岛上发射的火箭。岛上还有一个英国广播公司全球服务的中继站，该岛还是英国皇家空军和美国空军联合基地的所在地——美国处于主导地位。

在 1982 年马岛战争期间，它的军事意义就突显出来了。当时拥有 3000 米跑道的阿松森岛成为英国重要的海上基地。单就岛屿的位置来看，就能明白为何英国外交部如此看重阿松森岛。阿森松岛的人口由七百名圣赫勒拿岛人、一百名英国人和七十名美国人组成，没有本地居民（岛屿委员会曾对这一主张提出异议）。它被描述为“一个工作岛”，英国政府声称该岛“没有居留权”，必须获得行政长官的许可才能进入。直到 1999 年，英国出于对美国的感激，两国才开始讨论准入民用飞机，开放其熔岩月球景观吸引游客。自从圣赫勒拿耗资约三亿英镑的新机场无限期暂停使用以来（见第五章），阿森松岛的航班压力越来越大。阿森松岛也许可以充当圣赫勒拿岛的加油站，但人们会因潜在的风险而反对该计划。

有些岛屿的存在具有一定的争议性，一些岛屿曾被不同国家的海军管理过，几乎被当作船只一样对待。关岛、复活节岛和胡安费尔南德斯群岛（Juan Fernandez Group）就是这种情况。在维多利亚时代，“HMS 钻石岩”曾被用于称呼向风群岛中的格林纳丁斯岛（Grenadines Island）。1942 年，随着德国海军出现在该地区，特里斯坦 - 达库尼亚岛被命名为“HMS 大西洋岛”，并设有军事通信设施。有一个故事流传于爱尔兰西北部海岸附近低洼的伊尼什默里岛（Inishmurray Island）：第一次世界大战中，一艘德国 U 型潜艇将该岛误认为一艘船并向其发射鱼雷。同样，据说远离苏格兰西海岸的罗考尔岛（Rockall Island）曾被误认为是冰山、帆船、鲸鱼和潜艇。第一次世界大战期间，一艘商船将其误认为是敌舰，先给了它一个投降的机会，然后向它开火。[6]

由于偏远小岛的战略性，政府通常会标示其存在，以便在动乱和战争时期保护自身利益。在第二次世界大战期间，太平洋上极偏远的岛屿也进入人们的视野。在苏沃洛夫环礁的安克雷奇岛上，人们建立了广播电台，该环礁长约 1 公里，宽约 300 米，最高海拔仅 4 米。南太平洋环礁距马尼希基 385 公里，距拉罗汤加 930 公里，该环礁是库克群岛的行政中心，它的周围没有一条航线。事实上，正如在第二章中所讨论的，弗里比斯和汤姆 · 尼尔将这里选为独居的理想岛屿正因其地处偏远。然而，尽管它微不足道，但安克雷奇岛在世界大战期间被新西兰军队占领。在太平洋也有其他类似的地方，美国军队从汤加雷瓦、艾图塔基和波拉波拉等被用作小型通信基地的岛屿，“被流放到远离战区的‘失落岛屿’以逃避战争。”[7]

在大西洋，奥克尼群岛、法罗群岛、冰岛和格陵兰岛南部被改造成军事基地，盟军、海军和空军在这里保卫“大西洋海沟”。

同样在二战期间，苏格兰的格鲁纳德岛（约 200 公顷，距大陆 3 公里）被征用来进行生物战试验，1942 年岛上的部分地区被炭疽孢子污染。

格鲁纳德坐落于一个自然风光优美的地区，但并不对外开放，成为受战争深远影响的证据。

即使签订了合约，对于战后归还格鲁纳德的申请，英国国防部依然否认、混淆、拖延和无视，而且没有清理格鲁纳德上的病毒。

此外，应该指出的是，人们乐于在岛屿上进行隔离试验。阿根廷的纳韦尔瓦皮湖中的马驼鹿岛（Huemul Island）就是个例子。据报道，二十世纪五十年代，在该岛上流亡的奥地利纳粹将阿根廷百分之一的国民生产总值用于建造冷聚变反应堆，并试图赢得“安全”核能生产竞赛。最后，他们当然失败了。[8]

更奇特的例子是南澳大利亚的沃当岛（Wardang Island）。1859 年，澳大利亚进口了二十四只兔子用来娱乐。四十年后，它们繁衍了大约两亿只兔子。兔子们摧毁了大片农田，并对全国的生态系统产生了深远的影响。农民被赶出他们的土地，一些本土动物，如比尔比（一种栖息在沙漠中的有袋动物）濒临灭绝。

黏液瘤病是一种可怕的疾病，多年来它控制着野生兔子的数量，直到它们产生抗药性而失去效力。多年来，澳大利亚的科学家一直在寻找替代品。1995 年 10 月，在距离南澳大利亚海岸仅 4 公里的无人居住的沃当岛上——1937 年在该岛进行了黏液瘤病的首次试验，科学家们正在测试兔杯状病毒病的致死性。人们认为，小岛是非常合适的天然实验室，在此可以确保安全、遏制病毒传播范围。但不久后这种疾病进入大陆，科学家不再迷信这种说法，他们怀疑病毒携带者是一种无处不在的灌木苍蝇，它可以飞行数百公里。为了控制疾病的传播，数以万计的野兔被杀死，政府还为兔子饲养员和宠物兔的主人提供了疫苗。据估计，兔杯状病毒在八周内杀死了多达一千万只兔子，当病毒的杀伤力减弱时，人们已消灭了大约百分之五十的澳大利亚兔子。在一些干旱地区，这一数字达到了百分之九十。[9]

格鲁纳德的“炭疽岛”可能适合人类居住，也可能不适合。不列颠群岛的一些地区在二战期间被高度军事化，在地表上留下了不可磨灭的印记。奥克尼群岛的斯卡帕湾是大西洋舰队的避风港。在海峡群岛（Channel Islands），德国占领军建立了阻碍英国进出欧洲的防御工程。

几十年后，奥克尼的霍伊岛（Hoy）仍然可以被描述为“就像淘金热后被遗弃的育空棚户区”。“每个地区都有自己的军事设施，破旧不堪但无法毁灭；到处都是巨大的混凝土板块；小岛被遗弃和忽视，因为远离大陆，所以大陆也远离了烦恼。”[10]

同样，凯文·克罗里斯·荷兰德这样描述在海峡群岛的奥尔德尼岛（Alderney Island）：“军械、城墙和争斗……巨大的砖块，像头盔一样的水泥块覆盖的岩石峭壁，被巨大的反坦克墙摧毁的海湾缓缓延伸。”它成了巨大的、看似无法移动的掩体和废弃的营地。营地里曾经用来安置奴隶的混凝土掩体，让人感觉自己身处世界尽头，而不是英吉利海峡。[11]

一些即使是靠近海岸的岛屿也难以进入，苏格兰的赫布里底群岛就是这样。它们被征用时，公众并无多大反应，尤其是那些无人居住的岛屿，那里的军事活动很容易远离公众的监督。几千公里之外的伦敦政府一直在考虑该岛的军事战略性。最近爱丁堡新政府增加了战略性军事的投入，刚好爱丁堡也在几千公里之外。当地人感到被边缘化，他们并不认为岛上的火箭、鱼雷和炮弹测试会为岛屿增光添彩，这些活动在其他地方是不被接受的。

抗议比比皆是。在刘易斯岛的军事基地，一项花费约四千万英镑的计划遭到超过四万人的联合签名抵制。尽管该计划会促进就业、升级基础设施，但在岛民眼里，战略性军事区域的地位对他们毫无裨益。同样，二十世纪八十年代，政府确定了六个可能的核废料处置地点，这引发了一场激烈的“赫布里底群岛反核倾倒”运动，该问题一直延续到二十一世纪初期。2008 年，英国国防部长声明，如果当地人反对，那么核废料不会被储存在无人居住的桑德雷岛（Sandray Island）和福代岛（Fuday Island），该岛位于外赫布里底群岛的巴拉岛（Barra Island）以南。

刘易斯岛避免了军事化，但南尤伊斯特岛（South Uist）和本贝库拉岛（Benbecula）就没那么幸运了，该岛的导弹发射场可以追踪从圣基尔达起飞的航班。到二十世纪七十年代中期，本贝库拉 - 南尤伊斯特站点的军事设施花费了近七百万英镑，在本贝库拉岛 - 圣基尔其他事项上还花费了两千万英镑。到 1993 年年底，英国国防部正在考虑将导弹转移到英格兰南部。一开始当地居民就对该项目充满恐惧，并害怕威胁到岛屿的未来，但现在，该项目被认为是社区的基本需要——这么想的主要是他们的议会代表。当地议员援引大量经济统计数据表示，如果撤离军事基地将对当地经济造成不可挽回的影响。最终，本贝库拉 - 南尤伊斯特用了二十五年建立起对军事基地的依赖，十六年后，国防部在 2009 年宣布取消所有关闭该靶场的计划。[12]

作为该计划的一部分，二十世纪五十年代后期，圣基尔达也被军事化，耗资近一百万英镑建造了一个导弹跟踪站。1969 年，圣基尔达为服务人员建造了一个社区，这意味着圣基尔达现在是临时劳动力的家园。讽刺的是，该岛归苏格兰国家信托所有，与苏格兰自然遗产合并进行管理。苏格兰致力于乡村保护，同时强调乡村内人类社会的价值。该岛因文化遗产和海洋环境而闻名，成为苏格兰第一个世界遗产地。

核试验场

军事化的灾难性影响在太平洋岛屿上表现得最明显。大洋洲包括波利尼西亚、美拉尼西亚和密克罗尼西亚三大岛群，由约三千个小岛组成，总人口约一百五十万人。这个庞大的地区在经济和政治上自给自足长达四千年。捕鱼和小规模农业使岛民的生存相对容易，西方航海者将其描述为“天堂”。

1935 年，罗斯福总统命令美国海军管辖威克岛（Wake Island），并准许泛美航空公司在威克、中途岛（Midway Island）和关岛建造飞机跑道。日本海军的一位退役总司令认为这明显是在挑衅日本，并将这些岛屿描述为为敌方提供了理想作战地点的“天然航空母舰”。事后证明，二战期间美国和日本军队为争夺太平洋岛屿，进行了岛对岛的战争，这些岛包括吉尔伯特、卡罗琳、马里亚纳和斐济。[13]

后来，美国开始在马绍尔群岛进行核试验，而其他国家（最著名的是法国和英国）出于同样的目的使用自己的“财产”。1947 年，密克罗尼西亚岛（Micronesia）被联合国交由美国托管。作为回报，美国每年提供一亿美元的援助并让其公民在美国工作，岛民接受了“试验场”，岛上接收了几十万吨有毒的爆炸物。一位评论家认为，密克罗尼西亚的近代历史有很多悲惨的片段，其中包括人们背井离乡，以及岛民世世代代将遭受辐射带来的疾病。这些只会在远离大陆的偏远小岛上发生。[14]

1946 年，比基尼岛民被疏散到东边 200 公里的罗格里克环礁，这是

“为了维持和平”的暂时策略。岛民发现罗格里克环礁鱼少，水果和椰子不足，政府服务过少，于是要求返回家园。但此时，核废料已经使他们的家无法居住。因此，1948 年，他们被重新安置在比基尼岛南 300 公里的夸贾林环礁，而反导弹基地的建设迫使他们再次搬迁，这次是到 400 公里外的吉利岛（Kili Island）。1971 年，有些“核游牧民”返回了比基尼岛，但 1978 年时，岛上的放射性水平仍然很高，他们再次被疏散。

二十世纪四五十年代，美国在比基尼岛上进行了二十三次测试。之所以选择该岛，是因为他们觉得他们可以预测周围的风向。然而，据估计，在测试期间出乎意料的风向变化已将污染物散布到 80000 平方公里的区域，严重污染了罗格里克环礁和朗格拉普环礁。1954 年，在朗格拉普上进行了“喝彩”测试后，十岁以下的儿童中有四分之三患上了甲状腺肿瘤，之后一些人被疏散到马朱罗环礁的埃吉特岛（Ejit Island）。即使人们已经发现夸贾林岛不适合难民居住，但埃尼威托克岛人还是被转移到此岛。此外，八千个夸贾林岛人被疏散到面积 28 公顷的埃贝耶岛（Ebeye Island），去建造基地。那里没有潟湖，无法捕鱼，也没有农业空间，人口密度是华盛顿特区的十二倍。据称，那些拥有劳动技能而没有被疏离的人住在“廷敦”。“为了防止走漏消息，他们不得离开夸贾林岛，其他密克罗尼西亚人也不得进入。”[15]

无论人们怎样看待核武器，都很难理解美国政府为何以如此愤世嫉俗的方式剥削弱势群体。这些人遭受的苦难，以及其文化和经济被破坏的程度，令人震惊。再多的补偿也无法扭转灾难性的后果。在与美国签订的自由联系条约中，比基尼人收到超过两千万美元的安置费用，但他们在法庭上要求的赔偿是四点五亿美元，因为岛屿上的房屋已经被永久损坏。记者威廉·埃利斯（William Ellis）和摄影师詹姆斯·布莱尔（James Blair）记录了比基尼人的痛苦，其中大约一半的人（大约六百五十人）生活在吉利岛。他们是一个没有社会自治的民族，老人渴望重返比基尼岛，而年轻人则寻求重新安置的机会，这次安置的地点是在夏威夷。他们实际上已经失去了作为渔民和水手的技能，并且“作为美国政府的被监护人，他们（尤其是1946年后出生的人）已经沉迷于各种福利……除了等待补给飞机或梦想迁向别处外，他们无事可做”。[16]

美国斥资九千万美元“净化”比基尼岛上250公顷的土地。但据估计，如果不施用大量富含钾的肥料，环礁可能需要七十年时间才能进行耕种。在埃尼威托克环礁的鲁尼特岛（Runit Island）上，美国在半米厚的混凝土圆顶掩埋约100000立方米的放射性土壤。在马绍尔群岛的其他地方，贾卢伊特和朗格拉普环礁也存在同样严重的污染问题。

二十世纪八十年代，美国一边为新的全球舰队和潜艇导航系统创建监控系统、研发战略防御计划，一边为夸贾林岛支出四千万美元。这表明某些军事活动将继续在环礁上进行。此外，应该指出的是，1947年，根据联合国托管理事会的授权，美国正式同意提升岛上居民的健康水平和经济自给自足的程度，规范和控制自然资源的使用，保护居民免于失去土地，改善交通和教育。他们还被要求在二十五年内放弃托管权，并允许岛屿自治。[17]

1962年阿尔及利亚独立后，法国失去了试验场，便在法属波利尼西亚的土阿莫土群岛的穆鲁罗瓦环礁和方加陶法环礁进行了核试验。1966年至1992年间，他们进行了四十一次大气试验和一百三十八次地下试验。根据不扩散条约，这些试验于1992年停止。此后，1995年6月，雅克·希拉克总统决定重启地下试验，于1995年9月至1996年5月之间启动了八项测试，启动的理由是法国希望创建计算机模拟模型，以满足未来测试的需要。

帕皮提岛的岛民已经不是第一次抗议这一活动，那里的国际机场就是被骚乱破坏的建筑物之一。法国驻澳大利亚大使馆被“太平洋人民阵线”烧毁。当记者有机会参观罗瓦环礁的核试验场时，他只剩感叹核试验的破坏性之大，在一篇题为“核混乱・失乐园”的文章中，作者将其描述为“假日营地和实验室的奇特组合，造成大规模破坏”。[18] 尽管多年来的地下爆炸导致环礁下沉，海拔仅不到 3 米；尽管建造了巨大的混凝土墙以抵挡海水；尽管爆炸时使用了数千吨混凝土来掩盖实验室，当核试验结束时，法属波利尼西亚在法国议会的一位代表评论说：“穆鲁路可以成为一个新的度假胜地。”[19]

1952 年至 1958 年，英国在澳大利亚大陆以及莫尔登岛（Malden Island）和圣诞岛进行了二十一次大气试验，约有两万八千名军人参与。2009 年，英国国防部承认，在二十世纪五十年代圣诞岛的氢弹试验中，一百一十四名重要证人中有百分之九十已经死亡。当一千零一十一个老兵代表（平均年龄接近八十四岁）申请法律补偿时，高等法院的法官决定继续赔偿。随后，上诉法院和最高法院裁定：这问题的年代久远，无法评估原因。只有一个老兵的案件还在裁定，是其他老兵得到补偿的希望。

我们搜集到了这些老兵的回忆。道格拉斯・赫恩（Douglas Hern）曾在皇家海军服役，1958 年 4 月 28 日黎明时分，他和他的战友们被带到圣诞岛的海滩，要求穿戴蓝色工作服、防闪光手套和巴拉克拉法帽。他们坐在沙滩上，双手捂住闭着的眼睛，膝盖抬起，从十开始倒计时。当炸弹爆炸时，他说：“有一种酷热的感觉。我们被告知要站起来看。我们看到明亮而灿烂的光。就好像有人在你的脑海里点燃了一个火棒。它变得更亮了，即使闭上双眼，你也能看到指骨，就像粉红色的 X 射线。我们看到了一大团橙色、蓝色、黑色和红色的漩涡，噪声巨大，就像十五辆地铁向你驶来。”[20]

帕劳群岛（Palau Islands）包含西太平洋密克罗尼西亚的约二百五十个岛屿，人口约两万一千人，岛民们尽管已经获得了重要的“财政激励”，但还是会定期投票否决与美国的自由联系条约，这也许并不令人意外。帕劳顶着巨大的压力维持着无核区，并为此拒绝了一笔非常重要的援助资金。这其中，关于贿赂、政治阴谋，甚至中央情报局参与政治暗杀的谣言比比皆是。美国的兴趣在于利用岛屿进行丛林战训练、机场建设和武器储存。最重要的是，帕劳作为潜在的核潜艇深水港具有相当重要的战略意义。1993 年，经过八次公民投票，美国改变主意，帕劳获得了二点五亿美元的补偿，这是第一笔回报。

查戈斯群岛的案例

查戈斯群岛（Chagos Islands）位于印度洋，占地约 54000 平方公里。它的近代历史阐明了本章概述的许多问题。群岛中最大的岛屿是迪戈加西亚岛（Diego Garcia Island），是一个长约 22 公里、宽 6 公里的马蹄形潟湖。小得多的佩鲁斯巴纽斯环礁和所罗门群岛（Salomon groups）位于迪戈加西亚以北 300 公里处，大约由三十五个外岛组成。

查戈斯群岛以其物种多样性而闻名，记者迈克尔·麦卡锡将其描述为“地球上污染最少的海洋区域之一。它的海水是有史以来最干净的；

它的珊瑚礁完全没有受到破坏；它的整个生态系统，包括无数海鸟、海龟、椰子蟹（世界上最大的螃蟹）、海豚、鲨鱼和近一千种其他鱼类都是岛上独有的物种。[21]

十八世纪八十年代中期人类首次在此定居，法国的椰子种植园由马拉加赛和莫桑比克的奴隶经营。大约在同一时间，这些岛屿为毛里求斯人设立了麻风病中心，岛上有三百名患者居住。拿破仑战败后，英国于1828年占领了查戈斯，人口为四百四十八人，其中一半以上在迪戈加西亚岛上，定居点也延伸到了外岛。十八世纪四五十年代，岛上从印度引进了契约劳工。

到1900年，岛上的人口增加到约七百五十人，其中约五百人在迪戈加西亚岛。该岛出口的鸟粪用于加工磷酸盐肥料，岛上有三个小型椰干工厂，还有教堂、医院和加煤站。大多数家庭从事渔业，有小菜园，养鸡和鸭。二十世纪五十年代，殖民当局制作了一部电影，记录了人们“生活在美妙的自然美景和最宁静温和的环境中”的故事。[22]

这样看来，至少在这个偏远的地方，大英帝国的暮年还是有些好事发生。二十世纪五十年代后期，一位游客说：“那里是‘天堂’……有一座城堡……白色外墙的商店、工厂和作坊，绿荫庇护下的瓦房和茅草屋……”[23]游客和法国人经营的椰干和椰子油公司的报告证实了，查戈斯群岛是一个小型且普遍自给自足的社会。

十年后，这一切都被改变了，悲惨至极。到二十世纪六十年代，英国和美国正在重新审视其势力范围，并寻找新的军事基地。这意味着他们在马尔代夫或新加坡等地的行动具有不确定性。也门发生了战争，1964年发现石油的阿曼发生了游击战。这些事件威胁到波斯湾和红海。

美国先是把基地定在塞舌尔的阿尔达布拉环礁。但是，由于其生态系统具有重要意义，这一提议遭到华盛顿史密森学会和伦敦皇家学会等机构的强烈反对。但出于某些原因，无论是查戈斯“原始的生态系统”还是“最宁静和宜人”的环境，都不足以保障查戈斯的未来。[24]

1964年年初，英国政府就毛里求斯的独立进行了谈判——在此之前，查戈斯群岛是该殖民地的一部分。但查戈斯为了三百万英镑和糖进口优惠，依然承认英国的统治地位。为此，政府不得不无视联合国的一项决议——该决议呼吁他们在独立时不得分离查戈斯，不得侵犯毛里求斯完整的领土。这个决议绕过议会直接通过女王批准。查戈斯成为英属印度洋领地的一部分，并在毛里求斯独立之前通过与美国的谈判，被租借给美国，成为美国的军事基地。[25]

租约约定为五十年，可再延长二十年。据报道，英国因此从北极星潜艇的交易中获得了一千四百万美元的折扣。对于岛民来说，代价就要高得多：文件表明，当时谈判人员将这笔交易描述为“明智的计划”，所涉及的群岛要被“清扫干净”和“消毒”。[26]那时大约有两千人世世代代都居住在岛屿上，但因为安全风险而被强行驱逐。根据国际刑事法院的《国际刑事法院罗马规约》第7条（d）款，如果“驱逐或强迫人口迁移，或针对任何平民进行系统攻击”，则构成反人道罪。英国政府可能会为此争论不休，但能确定的是，国际刑事法院不具有追溯力，对2002年7月1日之前所犯案件无法进行干涉。[27]

殖民国家至少要对当地居民进行公平管理。驱逐他们既是对人权的严重侵犯，也是不道德的。但英国政府声称那里没有土著居民，所谓的居民只是椰子种植园的临时劳工，从而试图逃避国际法的制裁。

驱逐岛出境的工作始于1967年，于1971年年中完成。在一系列外交的斡旋下，岛国的文化和经济四分五裂。他们被塞进船，流放到遥远的毛里求斯和塞舌尔。

一位居民描述了这件事对他造成的伤害，她和家里三代人的出生地、她养育了六个孩子的地方被连根拔起："我不能忘记的是我自己和我的家人的恐惧和不安。当我们到达塞舌尔时，警察正在等我们。他们把我们带到山上的监狱，我们被关在牢房里，直到船准备好带我们去毛里求斯。我们对在毛里求斯能得到一所房子、一块土地、一些动物和一笔钱的承诺抱有希望。但最终，我们一无所获。"毛里求斯前总统讲述了这个故事，他说见到的人"困惑、害怕……他们在这里，整天以泪洗面，他们不停哭泣"。[28]

被驱逐的查戈斯人后代生活在毛里求斯社会的边缘。他们生活的条件恶劣，文盲率、失业率、自杀率高，健康状况不佳，越来越多的年轻人吸毒、酗酒和卖淫。据称，有些房间里住了二十五个查戈斯人，他们轮流入住，英国政府补偿每名成人约六百五十英镑，每名儿童三英镑。大约四百二十二个家庭签署了一份请愿书，希望返回家园，但如果岛民签署了"不返回"条款，最终政府会提供总计一百二十五万英镑的赔偿。但人们拒绝这一做法，妇女在街上抗议，因为他们的生活条件进一步恶化。在毛里求斯政府的施压下，英国政府取消了一项就业计划（查戈斯人的失业率高达百分之六十），并用这笔钱向每个岛民提供两千英镑的补偿。

2000 年 11 月，高等法院的一项裁决和政府法令允许岛民返回查戈斯岛，但既没有补偿也没有帮助，并规定他们不能返回大部分人曾居住的迪戈加西亚岛。在这种情况下，几乎所有人都无法返回。2002 年 6 月，英国外交部发表了一份报告，认为从长远来看，让岛民重返家园的成本过高。2004 年 6 月，外交部推翻了 2000 年的法院裁决和法令。2006 年 5 月，高等法院裁定英国政府的行为非法。2007 年 5 月，上诉法院裁定岛民可以返回。约五千名查戈斯人表示想要返回，英国政府应为此买单。

2007 年 5 月，即上诉法院裁定后的第二天，《独立报》的一篇社论将驱逐查戈斯岛民描述为“英国战后历史上非常可耻的一幕。”上诉法院拒绝授予英国政府立即上诉的权力，但外交部正在考虑直接向上议院提出复审此案的请愿书，这一举动激怒了许多观察家。

不管外界持什么态度，外交部都要向上议院请愿。三分之二的上议院议员以安全问题和重新建立永久定居点的成本问题为由支持政府阻止查戈斯人返回。

英国外交部宣布将建立以查戈斯群岛为中心的世界上最大的海洋自然保护区。在 2010 年的声明中，外交部没有直接提及查戈斯人，并称这一决定“不影响当前诉讼的结果”。查戈斯群岛的全党议会小组协调员说，这就好像查戈斯人被“从新闻稿中抹去，不复存在”。[29] 查戈斯人可能会欢迎建立一个海洋保护区，前提是他们有权回到这个保护区，并且能完全适应新环境。

但他们的返回权可能永远得不到承认。2012 年 12 月，位于斯特拉斯堡的欧洲人权法院裁定岛民已接受赔偿，因此无须考虑进一步赔偿。2016 年 11 月，英国政府宣布，考虑到国防和安全以及成本，不允许任何人返回。四千万英镑的赔偿将在十年内偿清，同时宣布美国的租约将延长二十年。

查戈斯人被禁止返回，事情变得紧张了。毛里求斯首相阿内鲁德·贾格纳特爵士在英宣布岛民不可以返回后，立即指责英国破坏查戈斯群岛岛民的人权，他说：“查戈斯群岛从前是，并且一直是毛里求斯领土不可分割的一部分。”他还声称，毛里求斯完全有理由将非殖民化问题提交联合国大会，以期将此事提交海牙国际法院审理。

英国政府否认毛里求斯的主权主张，并重申承诺：当毛里求斯不再出于军事目的使用迪戈加西亚岛时，会将群岛交还给毛里求斯。[30]

很难想象，一个巨大的具有国际意义的自然保护区与庞大的军事基地及其人员共存，这会对数百名查戈斯人产生何种难以接受的负面影响。然而，英国外交部告诉美国代表，海洋保护区的建设可以满足岛民重新安置的要求。[31]当然，军事基地会被排除在保护区之外，但这会严重破坏岛屿生态系统的完整性，并使保护区计划与基本保护原则产生直接冲突。

根据美国的说法，到二十一世纪中期，迪戈加西亚岛的建设已经取得了引人注目的成就。这些建设是由空军白皮书推动的，该基地将成为下个世纪轰炸机战略的中流砥柱。2.5 公里的跑道和超过五亿美元的建设已初见成效。2008 年，面对公众对岛屿建设目的的质疑，英国外交部多次否认，宣称公众被“误导”了，演习航班只是在 2002 年在那里加油。人们还怀疑该基地曾使用酷刑，这一怀疑后来成为 2014 年 7 月的一则头版新闻，外交部的回应是关键证据被水损坏了。对于查戈斯人来说，“天堂”已经失去了，他们只能为美国所谓的“正义的营地”让路。

第七章
『天堂』和『炼狱』

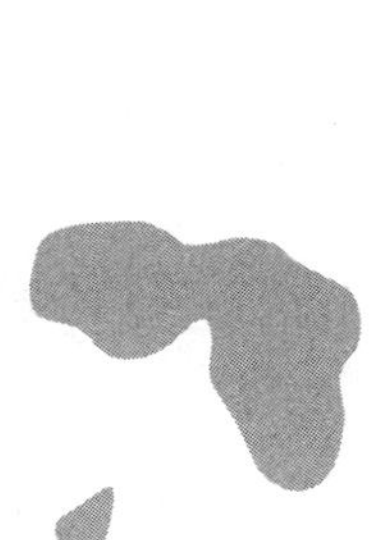

阿德里安：如兰的香风吹到我们脸上。

塞巴斯蒂安：仿佛风也有呼吸器官，而且是腐烂的呼吸器官。

安东尼奥：或者说仿佛沼泽会散发香气，熏得风都变香了。

贡萨洛：这里有对人生有益的一切条件。

安东尼奥：不错，除了生活必需品以外。

塞巴斯蒂安：那简直是没有，或非常少。

贡萨洛：草儿看上去多么茂盛而蓬勃！多么青葱！

——威廉·莎士比亚，《暴风雨·第二幕·第一场》

不相信原罪的概念，但被“天堂”所吸引，这是容易理解的，抛开宗教的概念，“天堂”可以形容每个人心中的“桃花源”。

在地球上，“天堂”对大众的吸引力，促使荷马进行了一次理想化的航行，他要去寻找神话中出现的地方。威尔士的凯尔特人后来将“天堂”称为“阿瓦隆”，而爱尔兰人则称为“青春的土地”和“幸福的田野”。艾萨克·瓦茨（Isaac Watts）在他的赞美诗中这样描述：“这是一片纯粹的欢乐之地，由圣徒统治……盛开着永恒的春天和永不凋谢的花朵。”

最开始，人们寻找天堂是受神话故事的启发，但随着时间的推移，神话变成传说，成为不真实的故事。在这个过程中，人们从航行经验中分辨出哪些是事实，哪些是虚构故事。

希腊诗人赫西奥德（Hesiod，约公元前八世纪）描述了一个英雄种族，他们在神赐予的岛屿上生活，在那里他们无忧无虑。罗马的贺拉斯对内战频发的共和国感到绝望，他敦促他的同胞航行到“这些幸运的岛屿，那里土地未经耕种但物产丰富，葡萄藤未经修剪而硕果累累”。[1]

但是去往这些岛屿并非易事，因为传说中它们通常位于赫拉克勒斯之柱之外，以及地中海和已知世界之外的西部。在那里，众神所爱的英雄得以不朽，所以这个地方值得尽心尽力去寻找。普鲁塔克（Plutarch，公元 46-120 年）在描述“幸运岛”时着重讲了岛屿的魅力：“那里很少下雨，即使下雨也比较温和，微风吹拂着露珠，土壤不仅利于播种和种植，还能结出最优秀的果实；物产丰富，居民们只用尽情享受安逸和闲暇……因此，即使是野蛮人也普遍认为，这里是受祝福的世界，荷马在诗歌中已经描述了这里的魅力。”[2]

“阿瓦隆”（Avalon）植根于威尔士的凯尔特传统，这是一个位于西部世界的岛屿。在卡姆兰战役之后，亚瑟王被带到这里并治愈伤口。根据亚瑟王的传说，阿瓦隆是“一个绿色的、肥沃的岛屿，一年有两个秋天、两个春天。这里盛产珍珠，鲜花总在绽放。这里被称为‘祝福之岛’”。[3]

地理学家段义孚强调了东方文化中岛屿的象征意义，在那里它们代表“一种堕落前的纯真和幸福的状态，大海将大陆的疾病隔离开来”。[4]他说，印度教教义中的一大特色就是岛屿，佛教的宇宙学也谈及了四个岛屿，岛上有许多宝石和香气扑鼻的树木。对于马来西亚的塞芒人和沙盖人（马来半岛的土著居民）来说，“天堂”位于肥沃的岛屿上。这种观点很可能影响了马可·波罗十三世纪对“男性和女性岛”的描述，他认为该岛位于印度以南约805公里处，那里气候温和、土地肥沃，人们过着简单而满足的生活。[5]

公元前350年至公元前250年，船只开始从中国东北沿海出发寻找“神仙岛”，希望在那里能找到使人长生不老的仙药。列子以寓言性的方式讲述了位于远海群岛中的蓬莱岛。

十五世纪后期，地理知识逐渐摆脱神话故事的束缚，但人们对美好之地的探索却是执着的。例如，仅葡萄牙就在1462年至1487年间进行了至少八次探险，主要是寻找新的大西洋岛屿，尤其是安蒂利亚岛和七城岛。尽管在十五世纪的航海地图上，这两个岛屿经常被标记在亚速尔群岛以西，但在试图将这些岛屿纳入现代海图时，人们无法准确其定位。安蒂利亚后来已被绘制到远至古巴的地方，大概是为了承认哥伦布发现了安蒂利亚，他预想它可以成为前往印度群岛的中转站。七城岛的存在也同样混乱，它的情况和安蒂利亚相似，但它的历史可以追溯到公元711年，传说当时七位主教为逃离摩尔人统治到达葡萄牙，并乘船到一个大岛上定居，在岛的西边他们建造了七座城市。[6]

发现“天堂”

到十八世纪中叶，欧洲的航海国家对世界地理有了更多了解，他们发现加勒比海、北美、非洲和东印度群岛的原住民并未生活在“伊甸园中”这些原住民很快被资本剥削、奴役或灭绝。的确，殖民现象似乎支持哲学家托马斯·霍布斯（Thomas Hobbes，1588 年至 1679 年）的尖刻观点，即岛屿没有文明的外衣，那里的生活是孤独的、卑鄙的、野蛮的和短暂的。

幸运的是，在欧洲人质疑人性和文明价值的时候，路易斯·安东尼·布干维尔（Louis-Antoine de Bougainville）发现了塔希提岛。1769 年，研究布干维尔岛的自然学家、博物学家菲利贝尔·肯默生（Philibert Commerson）这样描述塔希提岛：“人们生活在气候宜人的环境中，与自然融为一体，土地无须经营便肥沃无比。”的确，对他来说，那里的人生下来本质上是好的，他们没有任何先入之见，并且毫不犹豫、毫不后悔、本能地跟从“甜蜜的冲动”，这种本能尚未退化为理性。[7]1712 年至 1778 年，让·雅克·卢梭（Jean-Jacques Rousseau）赞同肯默生的观点，提出，几个世纪以来，人们超越动物本能，依从道德生活，幸福无比，直到被腐朽的文明腐化。

布干维尔以希腊岛的名字命名塔希提岛，将其称为“新塞西拉”。传说爱神阿佛洛狄忒从塞西拉的海中升起。有一个欧洲水手也将其描述为一个完美的热带岛屿，那里气候温和，食物易得，生活负担很轻，有充足的闲暇时间。

1842 年，赫尔曼·梅尔维尔（Herman Melville）逃离捕鲸船，在布干维尔岛发现了一种符合其价值观的文化。那里没有西方社会及传教士、商人、行政人员等，没有这些束缚，人们也过得很好。梅尔维尔甚至建议波利尼西亚人应该去教化“文明”国家！即使在布干维尔岛被发现之后的一百年，皮埃尔·洛蒂（Pierre Loti）也认为“完美的原始梦想造就了肉体”，法国殖民地回应了这种情绪，它将塔希提岛描述成“一个没有冬天，没有不满，到处都是成熟的果实，没有工作的世界，生活就是唱歌和爱”。[8]

人们可能会疑惑，为什么有些旅行者不愿意留在他们新发现的“天堂”。旅行者可能本身就有些困惑，他们自己的文明中道德的概念与波利尼西亚的土著人似乎无法融洽地共存。许多传教士不仅带来了阴郁和厄运，而且还将当地人的生活方式视为“恶魔”般的行为。许多早期的旅行家、艺术家、作家实际上都是岛屿过客，例如赫尔曼·梅尔维尔仅当了四年的水手，二十五岁之后再也没出过海。其他人则无法融入当地文化，就像罗伯特·路易斯·史蒂文森（Robert Louis Stevenson）写给詹姆斯·巴里的信一样："我住在海边，这里的一切都是崭新的，令人惊叹，但我的想象力却持续地栖息在原来那片寒冷的灰色山丘上。"[9]

二十年后，当保罗·高更（Paul Gaugin）抵达塔希提岛的帕皮提时，他描述了一个小港口的肮脏的小镇，令他沮丧的是，一个多世纪以来，文明一直在那里肆虐。他那过分自负的艺术抱负无处施展。他和梦想一起死去，随之而来的还有贫穷、心脏衰弱和视力下降，也许还有各种令人不快的成瘾和疾病。对他来说，那里当然不是乌托邦。

艺术家和作家似乎对“天堂”有着相当模糊的态度，有时“天堂”和“炼狱”之间的距离很近，斯特灵城堡号的沉船故事就很好地体现了这一点。1836年，这艘双桅船从悉尼航行到新加坡，在澳大利亚东北海岸的礁石上沉没。一些幸存者（包括船长和他的妻子伊丽莎·安妮·弗雷泽）乘船到达大沙岛——现在的弗雷泽岛（Fraser Island），在那里他们被原住民俘虏。他们将家庭成员中的男性单独分出来协助他们工作，弗雷泽夫人被迫做一些琐碎的工作，并被当作是一个奴隶，而她的丈夫死于枪伤。这是弗雷泽夫人带回“文明”世界的故事。

一名潜逃者帮助她从岛上逃跑，并且在悉尼的报纸上夸大了她的经历，增添了谋杀、奴役和各种虐待的故事。弗雷泽夫人似乎没有纠正这名罪犯所讲述的故事，因而后来她在讲述自己所经受的磨难时，对原住民与外来者的关系产生了负面影响。

在二十世纪，帮助过漂泊者的原住民使人们重新审视她的故事。弗雷泽夫人受到虐待的故事引起了小小的轰动，但当地人却流传着另一个版本："白人男子幸存下来，起初被视为转世灵体而受到欢迎，而白人妇女则融入了部落的生活。”小说家帕特里克·怀特（Patrick White）对土著人充满了同情，正如他的传记作者大卫·马尔（David Marr）解释的那样："弗雷泽夫人将其描述为地狱，但怀特却描绘了一个‘野蛮天堂’的画面。”[10]

将太平洋上普遍存在的“人间天堂”的形象抹杀还为时过早。我们很容易想象，如果自己在一个“荒岛”上，会如何用所有的感官去感受它纯粹的吸引力。太平洋小岛的吸引力在意想不到的地方得到了证明。1869 年，十二岁的弗兰克·布伦（Frank Bullen）出海并服役了大约十四年。1898 年，他站在海员的立场上发表了一篇文章，记述了为期三年的环球搜寻抹香鲸之旅。在记述的最后，他描述到，为了防止船员“堕落”，他们要进行繁重的工作。在描述新赫布里底群岛和塔希提岛以及“所有野蛮狂欢的地点”时，他表示没有任何能让人产生幻想的地方。但他将他在“沃沃”（汤加的瓦瓦乌群岛）上的时光描述为："那些可爱的日子在平静、蔚蓝的深处轻轻溜过。沐浴在金色的阳光下，梦幻般地凝视着难以形容的珊瑚美景。尽情享受丰富的水果，享受着城里人难以想象的欢乐场景。岛屿、空气和海洋都在迷人的阴霾中闪烁着微光，在船平稳的龙骨前，轻轻分开的海水产生的涟漪都是那样温柔。”[11]

通过捕鲸者的描述获知“天堂”的形象可能让人很奇怪，所以人们转向科学家、冒险家的视角。1947 年 8 月，托尔·海尔达尔（Thor Heyerdahl）描述了史诗般的穿越太平洋历险，当时他和他的船员被冲上了法属波利尼西亚土阿莫土群岛中无人居住的小岛。这是一个“天堂”般的棕榈岛（Palm Island），周围的珊瑚礁是“天堂之门”，沙滩上只有他们的脚印，沙滩一直通向繁茂的灌木丛，里面开满了洁白的花朵。“闻起来很甜、很诱人，我感觉有点晕……我完全不知所措。我跪在地上，将手指深深地伸进干燥、温暖的沙子里。我们把世界上最美味的清凉饮料倒入喉咙——那是无籽棕榈果的甜而冷的汁水。”[12] 他们的所有的感官都被强烈地刺激着：岛屿的景象，脚趾间沙子的感觉，花朵的气味，棕榈果汁的味道，以及海浪拍打周围环礁的声音。

海尔达尔和他的船员是勇敢的航行者和理性的科学家。他们的情绪得到了宣泄，在漫长而危险的旅程结束时得到解脱。他们对新环境还感到敬畏。本特·丹尼尔松后来提起，第一次到岛屿时，他被珊瑚的颜色、海浪声、阳光穿过摇曳的棕榈树以及在“阳光普照的沙滩上的宁静感所震撼……水晶般清澈的潟湖……我们与快乐、友好的波利尼西亚人一起跳舞和唱歌，他们似乎在这个世界上无忧无虑”。[13]

所以他承诺会回到岛上，这是拉罗亚酋长写一系列信件的初衷。言出必行的丹尼尔森要在法属大洋洲组织一次考察，但为了与妻子在土阿莫土群岛的拉罗亚环礁（Raroia）居住而耽搁了一年多。他们分享了岛民的生活，探索岛民的生活“在什么方面比文明世界的日常生活更好或更差”。

1949 年 4 月，丹尼尔森一家抵达拉罗亚，他们在岛上的生活值得分享。丹尼尔森是一位人类学家，他并不想寻求“人间天堂”的证据——一种即使在与世隔绝的土阿莫土人中也不存在的幸福状态，因为他知道即使在“旧时代”，部落也通常使用暴力进行统治。他更感兴趣的是描述那些表面上过着无忧无虑的幸福生活的人，因为他们通过本能而行动，而不是遵循理性的因果思维和行为模式。

土阿莫土群岛由非常小而贫瘠的环礁组成，周围环绕着复杂多变的珊瑚礁，除非非常熟悉当地状况，否则在此航行极其危险。与波利尼西亚的大部分地区不同，在这些岛屿上定居几乎没有任何吸引力，所以至今它们依旧远离航线。到二十世纪中叶，它们在探险家、商人、捕鲸者、传教士和行政管理人员的些许关注下停留在“文明”社会的视野中。十九世纪中叶，法国人采取了对这些岛屿的保护措施：帮岛屿选举酋长，提名文职官员和每年造访岛屿的管理员。除此之外，政府不再插手岛上的事情，似乎这种“无为”效果良好，因为没有税收和征兵。政府不鼓励向外售卖土地，因此拉罗亚岛（约 20 万平方公里）和丹尼尔森岛（约有一百二十人）有足够的土地建造房屋并满足他们种植椰子的需求。

这是一个缺乏分化的岛屿社会，这里没有任何群体、政党或职业区别，只有一种存在观。他们有统一的社会习俗，经济平等，因为他们都会捕鱼、制作椰干和各种手工艺。这座岛屿“成功地保存了特质，即大多数人所谓的原始民族的特点……这使它完整，并解答了我们之前的疑惑”。

岛上气候温暖，能够提供居住所需要的棕榈叶、镀锌铁、进口冷杉和包装箱。潟湖有干净的水，鱼也很丰富。雨量能够满足饮用所需，非凡的椰子树用途广泛——纤维的根部用于制作裙子，树干制作房屋、柱子和家具，叶子制作多功能垫子和篮子，坚果满足酿酒所需，也可以制作成几乎可以搭配任何食物的酱汁以及发酵啤酒。贝壳可以制成勺子和碗，也可以制成木炭。只要十五分钟，人们就可以收集覆盖在贝壳外的纤维，满足一周的燃料所需。

传统决定了岛民的工作量，他们并没有逐渐提高生活质量的目标。一个家庭一个月可以轻而易举地生产三吨椰干，但仅够维持生计。这些树很容易栽种，五六年后就会结果，而且可以生产五十到八十年，但人们没有充分利用这些资源。这意味着很大一部分坚果烂在果园里了，还有一部分则被灌木丛中的老鼠吃掉了。这些都是相对容易解决的问题，但对于岛民来说，它们并不是问题，他们觉得努力工作或雇佣劳动力来生产超过眼前需要的东西毫无意义。

强调竞争、增长和积累的资本主义在这里没有立足之地，很多方面都会证实这一观念。随着价格上涨，椰干的产量似乎也在下降。值得注意的是，尽管人们不愿意做多余的工作，但年收入还是很高的，其中大部分收入都流向了岛上的两个定价极高的商人。岛民们从来不知道自己是亏还是赚，他们知道价格很高，但很乐意忽略它。种植和采摘只是生活的一部分，他们认为没必要改变。

例外的是，岛民总是争相购买毫无用处的东西，比如自行车，但岛上没有道路可供骑行；家具，但岛民的房子里没有空间可放；电器，然而岛上并没有电力驱动。在消费方面，他们可能会显得冲动甚至鲁莽，但没有现代资本主义的这些东西，岛民依旧可以生活，甚至可以快乐地生活。因此，在二十世纪三十年代初的经济萧条中，人们无法获得已经习惯的食品——面粉、咖啡、饼干和牛肉，但岛民们镇定自若，重新回到吃鱼、海鲜、鸟蛋和椰子的生活，他们甚至不必制作椰干。

岛上的生活无忧无虑，甚至是真正意义上的闲散，没有职业道德。对于像丹尼尔森这样的人类学家来说，这种“无忧无虑”使得他在观察拉罗亚岛上的生活时，要将其与西方世界分开，以确定“在哪些方面它比文明的日常生活更好或更坏”。的确，将现代文明的价值观剥离之后，我们会长舒一口气，“天堂”的某些特征在岛上是有迹可循的。甚至在二十世纪初，岛民吃的还是生鱼、贻贝、海鸟、海龟、椰子、露兜果、芋头、一种马齿苋以及椰子产品，喝的一直是水和椰奶。到二十世纪中叶，他们不再种植芋头或豌豆，只吃很少的生鱼。原始的饮食结构是重复的，而现代饮食同样如此——罐头牛肉和饺子是文明人首选的菜肴，这主要是因为这些食物便于准备。岛民吃不到乳制品和绿色蔬菜，因而他们的胃和牙齿不好。

丹尼尔森还描述了，当地男性、女性和年轻人无一例外地吸烟，还广泛地酗酒，岛民甚至会饮用发油和甲基化酒精。这些导致岛民胸部慢性感染、生疖，同时造成了婴儿的高死亡率。

超过三分之一的儿童在五岁之前就会经历家庭变迁。大多数人可能没有受到影响，但他们失去了继承权，有时被收养的孩子成了无偿的仆人，他们过着在不同家庭之间徘徊的生活。年轻人很早就承担起家庭的重担，这意味着一对拥有大家庭的年轻夫妇可能很快就不用工作，开始享受相对舒适的生活。大多数年轻人在十二岁或十三岁时就有了第一次性生活，他们不必担心梅毒，因为他们患有这种疾病很长时间了，大多数情况下都是从出生就有。

除了饮食、健康和家庭生活的问题之外，还有庞大的饥饿的狗群（岛民更愿意让它们觅食而不是费力地喂养），这些问题也和其他各种各样影响小型社会的问题一样，影响着岛屿社会。然而，人们很容易忽视它们。

在结论中，丹尼尔森没有评判珊瑚岛上的生活好还是文明生活好。一本关于“天堂里的孩子”的畅销书揭示了岛屿文明的落后，因而他也只是得出结论，拉罗亚人们“在快乐、友好的自然环境中过着愉快的露天生活”。政府出台了政策，岛屿不对外来人员开放，并且没有土地可供出售。他承认“如果‘天堂’之门向所有没有资格但喜欢这个地方的人敞开，那自然就不再是‘天堂’了”。事实证明，丹尼尔森是很有先见之明的——法国政府在岛屿上（土阿莫土群岛）进行核试验后不久，就不再喜欢这个地方了。

没有“门”可以永远封住拉罗亚，即使是一小群对外部世界没有吸引力的岛屿，那里的年轻一代也期望去往塔希提岛及其之外的地方。与外部世界加强联系意味着岛民的饮食会继续恶化，酗酒会毁掉更多的人，而不法商人能更轻易地剥削岛民。最糟糕的是，随着更多人到达拉罗亚岛，岛民会染上他们带来的疾病，如麻疹和流感等常见疾病，他们对这类疾病一无所知，并且几乎没有免疫力。孩子们将接触到“更有利可图的美德”，这挑战着简单的生活方式，因此旧的价值观将失去意义，就像波利尼西亚历史悠久的友好和宽宏大量的精神将消失一样。

二十一世纪，拉罗亚岛上还有一些传统活动，但收入主要来自旅游业。自2006年以来，塔希提航空公司不定期有航班降落在拉罗亚机场，丹尼尔森发表了一篇关于拉罗亚和太平洋邻近岛屿的人类学研究的博士论文。他和他的妻子玛丽·特蕾莎依然是高度活跃和受人尊敬的法国本土文化政策的批评者，批评中涉及法国利用其近代的太平洋帝国的优势在岛上进行核试验。

尽管人类学家小心翼翼地下结论，但寻找“天堂”踪迹的想法依旧刺激着人们的想象。伦敦智库新经济基金会开启了一项关于幸福指数的调查，五旬节岛（Pentecost Island）是调查对象之一，2007年，英国广播公司将其宣布为“地球上最幸福的国家”。根据预期寿命、总体幸福感和碳足迹大小（该调查由国际地球之友提供部分资助），英国位列第一百零八位，美国排在第一百五十位。与此同时，在加利福尼亚州，一台计算机将西萨摩亚的乌波卢岛（Upolu Island）作为对“天堂”的终极定义，该定义仅仅是基于温和的天气、沙滩和健康的环境等刻板印象得出的结论。[14]

岛屿度假胜地

在整个西方世界，岛屿因脱离了大陆价值观而一直受到追捧，被认为是一种更靠近人类本源和美德的地方。不列颠和爱尔兰的海岸有大量地处偏远的修道院岛屿，爱奥那岛（Iona Island）以及阿兰群岛在早期宗教传播中发挥了重要作用。在苏格兰和爱尔兰西部岛屿上的水井、牢房、小教堂和蜂巢住宅的遗迹中，可以明显看出五世纪修道院的痕迹。在七至八世纪，隐士们生活在坎纳岛（Isle of Canna）、巴拉附近的小岛、哈里斯岛（Isle of Harris）、尤伊斯特岛、圣基尔达岛、弗兰南岛（Flannan Isle）、北罗纳和希恩特群岛，那里有水和肥沃的土壤，但也充满危险。在那里他们将体验到原始的自然，不是因为泛神论的关系，而是因为自然的恐怖让他们乞求怜悯。"大海本身使他们感到害怕。这不是神圣之美，而是一种毁灭和混乱。只有虔诚才能控制它，其他人则任其摆布。"[15]

事实上，忏悔似乎常常存在于离"天堂"与"地狱"最近的地方。正如 1773 年，塞缪尔·约翰逊（Samuel Johnson）在苏格兰赫布里底群岛的日记中所指出的那样："众所周知，中世纪的宗教对孤独的苦行寄予了太多希望。自愿独处是一种伟大的抚慰，通过它可以消除犯罪，良心得以安抚。因此，祈祷室通常建在肯定不会受到干扰的隐蔽之处。"[16]斯凯利格迈克尔岛（Skellig Michael）距离爱尔兰西南海岸 14 公里，岛上居住的僧侣生活在极端严寒、半饥饿的状态中，面对的通常是凶猛的海洋，他们"认为他们与恶魔的最后战斗可能会有结论了。与世上所有道路隔绝后，生活中所有问题都简化了……他们在极度贫乏的困境中殉难"。对许多人来说，当维京人洗劫该岛时，殉难就结束了。[17]

"乌托邦"一词源自希腊语"outopos"，"ou"的意思是"不"，"topos"的意思是"地方"。因此，它的意义或它的隐含意义是一个不存在或不可能存在的理想化场所。然而，这个词最常指的是，希望实现更理想世界的人们所追求的地方。乌托邦通常指一种社会，以人类的价值观和社会、宗教和经济观念的进步或倒退思想为基础。[18]

加拿大不列颠哥伦比亚省海岸附近的岛屿受到了乌托邦主义者的高

度关注。在温哥华岛（Vancouver Island）的斯科特角（Cape Scott）的丹麦人和马尔科姆岛（Malcolm Island）的芬兰人试图建立乌托邦社会。二十世纪二十年代，“十二兄弟”统治着德考斯（De Courcy）和瓦尔德斯岛（Valdes Island）上的一个社区，其世界观是自私自利的。[19] 斯蒂芬·顾比（Stephen Guppy）在短篇小说“伊斯希瑟”中描写了加拿大大陆和纳奈莫市之间的无数岛屿，那些岛上的人有一些古怪和夸张的精神。在这些岛屿上，“如果最后一位罗曼诺夫家族成员或亚雷斯塔·克劳利的弟子不在场，人们几乎无法在隐蔽的海湾上敲开长满苔藓的门”。这些来自大陆的古怪流放者，有的只是单纯的反社会，有的自称是为了晦涩的宗教或者是带来某些新信仰来到这里，有的只是骗子。[20]

作家乔纳森·拉班（Jonathan Raban）从西雅图沿海航行到朱诺，从而证实了他的怀疑：“在野外创造乌托邦的想法存在于遥远西部的想象中，而这种想法在西北海岸很普遍，拥护者包括哈特派、素食主义者、印度精神通灵者、生存主义者、基督教教派……就连原教旨主义者也觉得它们古怪。”但热带雨林的气候让他们付出了代价。一开始建造伐木营地和罐头厂被废弃，后来岛上重新恢复自然状态。“在废墟中的废墟中萌芽，因为许多人尝试过，但都失败了。”[21]

乌托邦是否存在是文学中的一个重要主题。1587 年，第一个命运多舛的“新世界”殖民地建在一个岛屿上，该岛位于今天的北卡罗来纳州的罗阿诺克岛（Roanoke Island），所以虚构的乌托邦经常位于偏远和人迹罕至的地方。就像偏远小岛的生物系统一样，乌托邦似乎无法在人类社会附近生存。托马斯·莫尔的“乌托邦”（1516 年）位于印度和巴西之间，托马索·康帕内拉（Tommaso Campanella）的“太阳之城”（1602 年）在锡兰，约翰・瓦伦蒂努斯・安德烈（Johann Valentinus Andreae）的“克里斯蒂安诺波利斯”（1619 年）在“埃塞俄比亚海”，弗朗西斯・培根爵士的“新亚特兰蒂斯”（1627 年）在南太平洋。赫胥黎（Aldous Huxley）的《岛》（*Island*）有一段著名的描述：“乌托邦社会无法与强大的大陆邻国共存。”[23]

人间地狱

乌托邦—岛屿—反乌托邦：从人类历史开始，美好就与灾难并存。对于中世纪的人来说，有“天堂”就应该有“地狱”。人们猜测，地狱的入口可能在西西里岛外的斯特龙博利岛（Stromboli Island）、冰岛外的赫克拉（Hekla Island），以及“特内里费岛”（Isla del Inferno），也可能就是大西洋的特内里费岛（Tenerife Island）。[23]

位于圣劳伦斯湾的“精神岛”有时被称为“恶魔岛”，被认为是溺水航海者的归宿，岛上可怕的哭声和恐怖的名声让人不敢在这里定居甚至登陆。尽管这种描述不具有真实性，但最好不要将这种描述视为一种想象和纯粹的谎言。仔细思考就知道，人们对西北大西洋探索的时间与海洋鸟类的筑巢季节重合。岛屿是众多鸟类的家园，它们发出的噪声符合人们对“地狱”的想象！这噪声会让人产生不愉快的联想。现在的“恶魔岛”可能就是魁北克海岸附近的医院岛（Hospital Island，有时被称为哈灵顿港），1542 年，法国贵妇玛格丽特・德拉罗克（Marguerite de la

Roque）因不忠而被监禁于此。

1436 年的海图上，萨塔纳西奥岛占据了从大西洋中部到拉布拉多海岸的区域。1507 年，另一个“恶魔岛”被标在哈德逊海峡的入口处。1645 年，两座岛屿都从海图上被删除了。[24]

也许人类总是趋于乐观，所以从海图中被删除的“诅咒群岛”比“祝福群岛”更多。然而，诅咒群岛继续吸引着作家的想象，他们以不祥的预感看待它们。但这并不是对所有人都有吸引力的。因此，1972 年在通过罗考尔岛法案之前，一位工党人和前商船海员将大英帝国历史上最后一次掠夺来的土地描述为“没有比这更荒凉、绝望和可怕的地方了”。

罗卡尔岛岌岌可危的情况激发人们产生了一种忧郁的想象。乔治·休·班宁（George Hugh Banning）对墨西哥海岸以西 600 公里处地质不成熟的索科罗岛（Socorro）敬而远之。岛上多刺的植被使人们无法近距离观察该岛，从远处看，它就像是一堆被烧了一半的煤渣废料，甚至连被火燃烧的地方都被墨水般的水坑所淹没。[25] 阿森松岛几乎完全由熔岩流和煤渣组成，并有四十四座休眠的火山，这使得西蒙·温彻斯特泄气，将其描述为“‘熄火的地狱’……土地处于原始状态，粗糙、不受人喜爱，它不希望人们居住在此”。[26]

但他还想继续寻找“地狱岛”，后来他发现了位于北太平洋的阿留申群岛，那里狂风怒吼、天气极寒、巨浪和极端寒流出现在“地球上最不合适的地方……地球其他地方都没有的巨大浓雾，似乎要为这个可怕的地方再增苦难，那里的国家似乎在有争议的岛屿上互相仇恨……在那里没有人关心未来，人们士气低落，脾气暴躁。阿图岛是一个彻头彻尾的悲惨之地——永远寒冷，永远有雾，没有树木，狂风大作，没有丝毫美感和丝毫平静，哪怕是北极的那种孤独的平静。它可能是世界上最糟糕的地方之一”。[27]

世界上最糟糕的地方？再往北，太平洋穿过八十二公里宽的白令海峡挤入北冰洋。在海峡中间，大狄俄墨德和小狄俄墨德被四公里宽的航道隔开，这个航道就是冷战期间的“冰幕”和国际日界线。大狄俄墨德就成为“昨日之岛”，而小狄俄墨德则成为“明天之岛”。二战期间的一个军事基地位于大狄俄墨德岛，1948 年，该岛归入美国边境，原住民被迫前往俄罗斯大陆。岛屿大约有 30 平方公里，约有一百名军事人员，他们经营一个气象站并担任边防警卫。

小狄俄墨德的面积大约是大狄俄墨德的四分之一，它们具有相同的天气特征：寒冷的夏天和极其寒冷的冬天，降雪多；当风从北方持续吹来时，阵风每小时可达 100 至 130 公里。海洋冰期长达半年，由圆形岛屿组成，岛屿顶部小而平坦，陡峭的岩石和积雪覆盖的斜坡直通海边悬崖，增加了岛屿的危险性，岛上几乎没有植被。

两座岛屿和之间的海峡让人联想到文明无法企及的“天涯海角”的形象；山坡脚下依偎着一个小小的爱斯基摩村庄，人口不到一百人，村庄看起来随时都可能倾入大海。该社区有一个微小的直升机停机坪，停机坪像是地面的鼻子，打破了岛屿圆形的形状。

该村庄最初是一个春季狩猎营地，人们在此有三千年的定居历史，它是鲸鱼、北极熊、海象和海豹狩猎的中心地带。它与两大洲有着悠久的贸易传统。即使到了现代，他们的皮船也会前往阿拉斯加，前往诺姆出售象牙雕刻品和皮毛，以换取生活用品。

1881 年，约翰·缪尔（John Muir）到达此地，发现人们“急切地想要交换他们所拥有的一切”。他们的村庄坐落在满是陡峭岩石的斜坡上，房屋看起来就像是石堆，独木舟存放在狗够不着的地方，否则狗会吃掉它们。对缪尔来说，狄俄墨德的村庄是“我见过的最沉闷的城镇——岛屿顶端有阴沉的风暴，雪一直覆盖到水边，水的边缘是冰块。黑色的水流冲击着冰块，灰蒙蒙的天空，尖叫的水鸟，呼啸的风，还有蓝色的淤泥”。[28]

今天的村庄依然萧瑟而沉闷。自二十世纪五十年代中期起，小狄俄墨德逐渐成为永久性而非季节性的定居点。二十世纪七八十年代，州政府建造了大约三十个木屋，但直到最近才用楼梯和木板路将它们连接起来。岛上仍然没有自来水供应，只有两座建筑物有下水道系统，无法焚烧的废物只能在泉水融化时漂到海中。百分之三十五的居民（近一半的人超过六十四岁）生活在贫困线以下。

如果进岛条件和住房条件没有改善，小狄俄墨德委员就会投票支持人们搬迁到阿拉斯加，但2006年，环境保护局的一份报告警告说，改善进岛条件可能会对当地传统和土著的身份认同产生负面影响。村庄里的学校悬挂的照片都展示着他们的欢笑，但他们没有意识到，他们学习的是英语而不是母语因纽特语，他们可能很快就会永远离开这里。

当旅行者遇到无法形容的、恶劣的岛屿环境时，会无比气恼，这与缪尔的沉闷如出一辙。1772年至1775年，詹姆斯·库克船长（其写作是平淡无奇的“海军部风格”）第二次环球航行期间首次登陆南乔治亚，他将其描述为“一个被大自然毁灭的国家，从未感受过太阳的温暖，埋藏在永恒的冰雪之下”。[29]

这些位于南极边缘的岛屿似乎让船长产生一种荒凉感。詹姆斯·道格拉斯（James Douglas）将位于南部海洋深处的麦格理岛（Macquarie Island）描述为“可以想象的、最悲惨的奴隶流放之地”。[30] 查尔斯·巴纳德（Charles Barnard）将马尔维纳斯群岛描述为一个黑暗和荒凉的地狱，如果有人在岸边死里逃生，那么这很可能“只是一个更加挥之不去的可怕的死亡前奏”。[31] 巴纳德船长对这句话有发言权。这位船长营救了一些船难中死里逃生的船员，而这些船员却以怨报德，将他和一小群水手流放。他的船员最终将他困在一个几乎一无所有的小岛上，直到他们把自己当中的一个人流放后，才得到船长的宽恕。

我们对“地狱岛屿”的浓厚兴趣与当代文化中的悲观主义相吻合，一般媒体都热爱这种文化。《吉尼斯世界纪录大全》宣布，位于昆士兰海岸附近的棕榈岛是“魔鬼岛”，是除战区之外地球上最暴力的地方。1993年，在世界的另一端，加拿大国家电视台播放了一段视频业余爱好者在戴维斯湾拍摄的视频，视频中的画面是伊吕科亚克岛（Iluikoyak Island），占地约 70 平方公里，距纽芬兰海岸仅 1 公里。它被媒体称为“被诅咒之岛”，因其揭示了六个因努儿童因闻汽油之后想死的事情。[32]

据报道，2012 年，科西嘉岛（Corsica Island）被独立运动搞得支离破碎，成为法国人口年龄最大、教育最差、贫富悬殊最大的地区。它仅占法国人口的百分之零点五，但它的“报复性杀戮”却高达百分之二十，被认为是欧盟最凶残和犯罪率最高的地方（按比例）。它使其他两个以暗杀闻名的岛屿黯然失色——西西里岛和撒丁岛（Sardinia Island）。但据报道，2013 年，法国瓜德罗普岛成了最危险的居住地，该岛发生的谋杀案比科西嘉岛和马赛还多。[33]

反乌托邦通常用来形容专制的社会，在这个社会中，艺术、宗教、科学和文学被扭曲。反乌托邦文学常常呈现乌托邦的堕落景象。因此，培根的《新亚特兰蒂斯》号召国家资助研究和培养科学精英，使大自然完全受人类控制。我在此书中使用的术语仅仅是基于其词源派生出来的一般意义，反乌托邦的希腊语为“dystopos”，“dys”意为“坏”或“困难”，“topos”意为“地方”。反乌托邦否定美好生活的观念，这种生活充满不确定性和焦虑。[34]

我们在第三章中提到了克利珀顿岛脆弱的地理位置，但在这里值得再次提及，因为它的历史非常符合反乌托邦的定义。该岛屿距墨西哥西南海岸 1100 公里，是整个东太平洋唯一的珊瑚环礁。人们很容易想当然地认为这是自愿放逐者实现岛屿梦想的地方，但这种假设是错误的。

岛上平静的潟湖呈椭圆形，面积仅 6 平方公里，周围环绕着低洼的沙子和珊瑚岩，平均宽约 150 米，最宽处约 400 米，最窄仅有 5 米，海水会定期溅入杂草丛生的潟湖。潟湖中没有鱼，数百万游泳者声称，里面有令人讨厌的等足目生物。克利珀顿属于热带气候，受热带风暴和飓风影响，5 月至 10 月为雨季。这里没有天然海港，周围的珊瑚礁在退潮时变干，经常受到太平洋海浪的冲击。

它地处偏远，是一块贫瘠的岩石，但又不完全是，因为殖民大国一直在努力从那里获取资本。1849 年至 1858 年间，墨西哥、美国和法国政府声称对该环礁拥有主权。到 1897 年，美国鸟粪石公司已经在该岛开采了几年，当时墨西哥不再让希望住在此处的美国人离海岸如此之近，并驱逐他们，重申其对该岛的主权。

1899 年，一家英国鸟粪石采矿企业决定在该岛上经营。1906 年，英国太平洋岛屿公司获得了鸟粪石采集的权利。他们与墨西哥政府合作建立了一个采矿点，并于同年建造了一座灯塔，重申了英国对这片领土的主权。当时约有一百人居住在岛上，但到 1910 年，英国认为该岛没有发展前景了，于是撤出所有员工，只留一名看护人。

与此同时，墨西哥也在该岛驻守，人员包括十三名士兵、一名州长及其妻子、仆人、儿童，以及一名灯塔看守人。1914 年，当一艘美国船只失事时，岛上约有二十六个人。这艘美国船只很快获救了，船长建议墨西哥人也离开，但州长拉蒙·阿诺德拒绝了这一提议，并命令英国看守人和他的家人与美国人一起离开。随着英国对克利珀顿的兴趣减弱，加上墨西哥发生内战，这个小岛渐渐被遗忘了。曾经保证每两个月到达一次的补给船也停止运行。

从现在开始，故事的走向变得极度悲惨，并且是真实发生的。这个被孤立的小岛上，英国人照管的菜园已经荒废，这意味着岛民会缺乏维生素，不久之后人们开始患坏血病，尤其是成年男性。病死的人被深埋在沙子中以避免被螃蟹吃掉。一个人在警告过往船只时遇难，最后死在珊瑚礁上。几个小时后，飓风席卷了这个小岛，州长的遗孀却在这时临盆，不得不在一个小地下室避难。

更糟的事情发生了。风暴过后，当妇女和儿童搜寻他们受损的房屋时，发现了灯塔看守人维多利亚诺·阿尔瓦雷斯（Victoriano Alvarez）。他隐居的生活方式使他比其他人活得更久。他的非洲血统受到了英国人、美国人和墨西哥人的歧视。他可能有精神病，据说，守灯塔会致人疯狂。

阿尔瓦雷斯现在自封为岛上的国王，他摧毁了岛民的武器，开始了恐怖统治。大约两年后，妇女和儿童因为生病、营养不良和极度恐惧，用锤子以及刀具砍向他，迫使他下台。那一天是 1917 年 7 月 18 日。

就在他血快流干之际，约克城号航母冲进了视野，并将一艘船成功送上岸。岛上的三名妇女和八名儿童被送到军舰上，军舰驶向墨西哥的萨利纳克鲁斯。阿尔瓦雷斯则被留给了螃蟹。

为保障妇女和儿童的未来生活，救援的官方报告没有透露有关灯塔看守人死亡的信息。多年来，领航员中尉和船长保持沉默，而十一名幸存者的故事则通过口耳相传，在墨西哥太平洋沿岸广为人知。[35]

克利珀顿是浩瀚的海洋中的一块陆地。四个国家、各种鸟粪石公司、军人及其家属，以及灯塔看守人都在这个悲惨的故事中扮演了自己的角色，但只有三个女人从头到尾经历了这件事。更悲惨的反乌托邦世界就是一个人独自生活在小岛上，每时每刻都处于危险之中。在威廉·戈尔丁（William Golding）的中篇小说《品彻·马丁》（*Pincher Martin*）中，一名注定失败的英国水手被抛在大西洋中部的某处岩石上。对于戈尔丁来说，这片无名、可怕的土地如“炼狱”一般，独自在岛上生活会导致他疏离人类社会，甚至丧失身份和理智。就像笛福的克鲁索和他的模仿者一样，马丁尽其所能地让自己忙碌起来，试图阻止这种情况的出现。但与鲁滨孙·克鲁索不同的是，再多的辛劳也无法让品彻·马丁免遭诅咒。在故事的最后一个转折中，他对岛屿的恐惧似乎是死亡前的幻觉，被人发现时，他就在沙滩上，早在脱掉他的橡胶长靴之前就被淹死了。[36]

因此，反乌托邦其实是一种环境，在这种环境中，事件似乎没有意义，或者意义仅通过恐惧和痛苦来表达。品彻·马丁的岛是一个可怕的地方，他的经历也是如此。但是实际环境和人体验到的环境并不总是一致的。例如，离开罗本岛监狱的一群政治犯，将岛屿视为“海洋中一片绿色如画的土地，其内在生活的严酷单调完全被外在的美丽所掩盖”。他们继续说：“愿你得到解放，愿你下地狱。”[37]

同样，也曾作为流放地的诺福克岛被认为具有一种令人迷惑的美。“它是一个幻影，有着一望无际的绿色草地和茂密的树木。它从太平洋上升起，升到玄武岩的柱子之上，蓝色之外还是无尽的蓝色。除了空气、水、岩石和被海浪撞击出的海岸线外，人们什么也看不见。卡斯帕·大卫·弗里德里希的夜晚平静而仁慈，光线照向庄严的地平线。”[38]

1834 年，这种“令人迷惑的美”让最高法院法的官威廉·韦斯特布鲁克·伯顿（William Westbroke Burton）困惑不已，因为诺福克岛上的实际环境和体验环境之间存在本质的差异。事实上，显然他对受教育之人对岛屿的浪漫主义信仰感到痛苦，那些人认为这种景观对人有治疗作用，他不得不暂时停留在诺福克。

法官和传教士认为人类的苦难具有教育意义，不需要仁慈和同情，他们忽略了这样一个事实：许多囚犯是残酷的社会的受害者，他们没有得到救赎的希望，环境优美没有任何意义。[39]

罗本岛上的监狱充满贫民、慢性病患者、麻风病人和罪犯，可以用“遥不可及，远离烦恼”来概括，这一说法表明，从物理距离上远离一些事物，我们便可以远离烦恼。[40] 在中世纪的欧洲，麻风病与道德堕落和惧怕传染有关。岛屿上建立的麻风病房更多的是作为隔离区域而不是治疗中心。许多疾病在现代社会不具有高度传染性，但在二十世纪，隔离患者却是一种合适的“解决方案”。距不列颠哥伦比亚省维多利亚 8 公里的小达西岛（Little D’Arcy Island）就是一个例子。该岛在1890年和1926年是麻风病人隔离区。这一时期的少量记录表明，与其说该岛是一家医院，不如说是一个永久性隔离站，在那里几乎没有人为治疗或缓解疼痛做出努力。

玛丽莲·鲍林（Marilyn Bowering）在《致所有外表的女士》中表明，隔离区的食物每三个月运送一次，除鸦片外没有任何医疗用品。她总结说，将麻风病房设在一个小岛上，可以很方便地让负责人忽略患者的存在，并认为他们是“消失的人”。医生很少上岸，但偶尔会从船上喊着传达指令。十九世纪末，科尔多瓦湾附近的人们注意到岛上发生了火灾，但整整三天都没人进行调查。升旗则表明需要援助，但有一次一个人病重升起旗帜时，六个星期后才得到回应，此时那个人已经死亡。无论距离多近，“岛屿性”都会让大陆上的人们对岛屿产生模糊和扭曲的看法。这种“消失”在麻风病人身上表现得尤为明显，人们看不到他们，因此他们便不存在。在“想象里无法穿透的迷雾”中，岛屿精神在她的小说中得到了很好的表达：

“达西岛即麻风病岛，那里没有交通，没有船只登陆，人们无法下船。没有乘客，没有观察者或目击者，这往往不利于人们振作精神。据他所知，麻风病人一旦被送到岛上，他们就从世界上消失了。甚至过往的船只也避开这些海岸，远离麻风病人聚集的海岸线。人们对此既迷信又害怕。印第安人说这个岛受到了诅咒。”[41]

孤绝的岛屿

“忏悔者”和“监狱”是同源词汇，但它们在岛屿社会中扮演着相反的角色。忏悔者是承认自己有罪，并自愿将自己从更大的社会中移除的人。他们选择诱惑很少的偏远地区以悔过。这不适合胆小的人，对于那些不太愿意做出这种牺牲的人，社会发明了监狱来强迫他们摆脱诱惑。[42]

因此，前者寻求孤立，后者被迫孤立；有些人寻求建立新的世界秩序，而另一些人则被排除在现有的秩序之外，以免破坏规则。对于后者，可以通过岛屿进行监禁、流放、放逐、医疗隔离，譬如麻风病、瘟疫、霍乱等病人。扮演这些角色的岛屿数量太多，无法详细说明，因此我们将深入研究一些具体的例子。

在罗马，苏埃托尼乌斯（Suetonius）在《十二个恺撒》（*The Twelve Caesars*）中记录了，奥古斯都和利维亚在公元 6 或 7 年将他们的女儿朱莉娅和孙子阿格里帕·波斯图穆斯流放到非常小的“监狱岛屿”。那就是皮亚诺萨，只有 10 平方公里，靠近意大利托斯卡纳海岸的厄尔巴岛（Elba Island）。事实上，皮亚诺萨被用作监狱已有两千年之久。1958 年至 1998 年间，它是一座安全级别非常高的监狱，在此期间，一名黑手党检察官被谋杀，意大利政府宣布，该岛将由一个特殊的设施来关押危险的黑手党罪犯。

提比略（古罗马皇帝）被放逐到更大的罗德岛（Rhodes）上，长达七年。历史表明，如果他的刑期无限期延长，世界会变得更美好。然而，由于提比略体验过这种令人讨厌的惩罚形式，他选择被流放到位于罗德岛和那不勒斯之间的岛屿，阿格里皮娜和她的两个儿子被放逐到潘达利亚（现在的文托泰尼），尼禄则被饿死在庞蒂亚（现在的蓬扎）。其他罗马官员被流放到科西嘉岛和撒丁岛，以及基克拉泽斯群岛的阿莫尔戈斯和塞里福斯。这一传统在意大利延续到二十世纪初，在蓬扎群岛、伊奥利亚群岛以及普罗奇达、厄尔巴岛、潘泰莱里亚、乌斯蒂卡和兰佩杜萨岛都有监狱。[43]

英国在澳大利亚建立的"囚犯殖民地"，是最系统地将"外国海岸"用作监狱的例子。英国最初的目的是为了减少本土的犯罪率，但到了十九世纪三十年代，则变为威慑的手段，犯罪者将承受可怕的命运，这会使人们不敢轻易犯罪。诺福克岛呈现出了改革的态势，指挥官被赋予了专断的权力，他们能够下令进行地狱般的惩罚。这是一座令人闻风丧胆的监狱，悉尼·史密斯牧师在《爱丁堡评论》中写道："人们在恐惧中退缩，那是一个让记忆真正痛苦的地方，让想象力自叹不如的地方……充满着悲伤和哀号，人们如临大敌般地恐惧。"[44]

意大利乌斯蒂卡岛（Ustica Island）的航行指南将其描述为"充斥着屠杀和混乱"。希腊人称该岛为"骨头岛"，因为有六千名来自迦太基的叛乱士兵被遗弃在岛上，最后死于饥渴。十八世纪，波旁王朝试图在岛上殖民，结果殖民地遭到海盗屠杀，只有两人逃出并讲述了这个可怕的故事。[45]

作为"收容中心"，蓝佩杜萨岛（Lampedusa Island）有着悠久的历史。该岛距离突尼斯 100 多公里，离非洲比离意大利更近。2011 年 9 月，数百名移民与警察发生了暴力冲突。2011 年，在突尼斯和利比亚发生政治动荡之后，大量移民登陆该岛，移民数量比当地人数（五千人）还要多。2013 年 10 月，非洲移民的船只着火并沉入海底，三百六十六人在兰佩杜萨附近死亡，一时间此事件成为国际新闻头条。2014 年 6 月至 9 月，有两千二百名死亡；9 月中旬，一周内有七百五十人死亡，2014 年共有三千五百人死亡。2015 年 2 月的短短几天内，两千七百名移民从地中海获救，同期至少有三百人溺水身亡。过去五年，大多数移民来自厄立特里亚、索马里和加纳。

2008 年 10 月，只有一百五十个人的希腊的阿加托尼西岛（Agathonisi Island）正在应付涌入的四千个移民。其中包括阿富汗和伊拉克人，他们被附近的走私者带到土耳其附近。一些人被转移到拔摩岛（Patmos Island），该岛随后关闭了码头，因为移民使岛上的居民不堪重负。尽管存在人道主义问题，但岛上的旅游代表很沮丧。岛上的酒店经营者联盟给总理写道：“我们完全反对将神圣的拔摩岛变为移民的贫民窟。我们的岛不能一方面被宣传为高端旅游胜地，另一方面却让数百名非法移民在饥饿和肮脏的环境中四处游荡。”[46]

与“神圣的拔摩岛”不同，教皇弗朗西斯选择将蓝佩杜萨作为宗教旅行的第一站。2014 年 11 月，他在斯特拉斯堡向欧洲议会表达了他对移民和工人的声援，他说：“我们不能让地中海成为一个巨大的墓地……每天登陆欧洲海岸的船只都挤满了需要帮助的人。”可截至 2017 年，似乎没有任何证据表明移民危机正在缓和。

希腊承认移民需要帮助，但这也导致了暴力事件。例如，在莱斯博斯岛（Lesbos）和奇诺岛（Chino）上，急需救助的人历经重重危险后仍然面临着不确定的未来，他们与岛上的居民有着相似的情感，他们都感到生存条件的恶化威胁着自己的安全和未来。

史宾纳隆加岛（Spinalonga）位于克里特岛（Crete）北海岸附近，1903 年至 1957 年间，这里曾是希腊的麻风病人的聚居地。几个世纪以来，希腊的莱罗斯岛（Leros）一直被用于收容麻风病人、罪犯和政治犯，有些人被关押长达二十五年。与加拿大的伊吕科亚克岛一样，它也被媒体描述为“诅咒之岛”。1984 年，欧盟委员会的一个小组报告称，莱罗斯岛上精神病患者的困境是人类在一个孤立的“人类垃圾场”上“积累的苦难”。[47] 一位荷兰精神病学家将患者描述为“被扔在这个偏僻的地方腐烂。他们可能会被杀死。但最可怕的是，他们只是在等待死亡来临。这是精神的毁灭，而不是身体的毁灭”。[48] 据报道，1992 年，尽管欧盟提供了五千万英镑，但仍有年轻的精神病人被锁在床上，长期无人看管，他们的人权每天都受到侵犯。[49]

第八章 岛屿的精神特质

认为地理决定文化、社会和行为的观念已经落伍了。地理会影响我们对周围世界的反应，但灾难性以及偶然性的一系列因素也会影响我们。因此，我们需要谨慎地探索，岛屿在多大程度上影响人们的态度以及岛民的行为。

社会心理学实际上是一种常识，它告诉我们对态度和行为进行概括是危险的。岛屿的体验似乎都充满了悖论，看似矛盾的元素并存使得岛屿在"天堂"与"地狱"、乌托邦与反乌托邦、恋地情节与恐地的概念之间摇摆不定。

但这个问题并没有阻止作家认为岛屿的景观体验是独特的。

独一无二的体验

对于H·E·贝茨来说，男人渴望拥有岛屿就像渴望拥有爱人一样，但两者都不可避免地让人失望，不仅仅因为永远没有足够的岛屿来满足人类巨大的胃口，也因为人们容易被欺骗。人们总是认为岛屿是美丽的，那是一种诱人的美，可以牢牢地抓住那些被迷惑的人。[1]

小岛的这种欺骗性以及给人带来的失望感是周围的水域造成的。大海处于绝对主宰的优势地位，因此很难让人产生安全感——实际上，岛屿环境很容易反客为主，主宰岛民。[2]

亚当·尼科尔森（Adam Nicolson）的家族拥有位于苏格兰赫布里底群岛的希恩特群岛，他在描述他的岛屿时认识到这一点：这些岛屿既可以是温和的，也可以是残酷的，就像善变的恋人的一时兴起的诱惑和拒绝。它们是一个“生活如此丰富，体验如此直接……和自我与世界之间的障碍如此纤薄”的地方。正是大海“将这可能隐藏在大陆之间的几公顷的土地提升到了它们绝不可能到达的位置。岛屿是由海洋塑造的，二者彼此融为一体，又强烈地对抗”。[3]

小岛的海岸线比陆地高，其腹地深受海洋的影响。海洋是人类进化的起点，但作为陆地居民，我们的进化不依赖于海洋。虽然它仍然是生命的重要提供者，但通过进化，我们已经摆脱了它。在生存方面，海洋现在被视为陌生的领土，我们本能地被不同的栖息地所吸引，大陆是位于其他敌对环境中的“岛屿”的。但除了生存的基本需要之外，岛屿对我们或许还有些许亲和力，我们渴望接近它，就像我们曾经需要靠近母亲一样，大海让我们想起曾经包裹着我们的羊水。

因此，海洋定义了岛屿，就像海洋挑战岛屿的存在一样，岛屿提供了抵御风暴的庇护所，但庇护所永远受到赋予它存在意义的海洋的威胁。正如尼科尔森强调的那样，岛屿是“生与死的对立，生命是由围绕岛屿的死亡定义的”。[4]因此，岛屿就像山脉一样，满足人们对一切的渴望：它们可以让你赤身裸体在风中颤抖并希望生命结束，正如它们可以让你感觉更有活力、更有营养、更加充实一样。

当然，许多作家认为海洋激发了他们的创造本能。海洋对集体无意识有着强大的影响，在卡尔·荣格看来，海洋充满了神秘感并激发了创造力。正是在这种背景下，作家 W · D · 沃尔加德森告诉我，岛屿的吸引力在于：靠近大海的人意识水平更高，拥有更丰富的想象力，可以提升生产力。同样，诗人兼小说家的玛丽莲 · 鲍林（Marilyn Bowering）将海洋描述为这个世界与其他世界之间的透明边界，这条边界将我们与更具创造力的领域分开，当我们集中注意力时才可以跨越。小岛可以提升人的注意力。

现实之岛与内在的自我之岛之间存在无意识的关联。例如，约翰·沃尔夫冈 · 冯 · 歌德（Johann Wolfgang von Goethe）以特有的尖刻声音声称："从未经历四面环海的人永远不可能了解世界及其与世界的关系。"[5] 同样，克努特 · 哈姆森（Knut Hamsun）的《流浪者》（*The Wanderer*）中的主人公说："总有一天，我会厌倦无意识状态，然后我将再次前往一个岛屿。"[6] 德莫特 · 萨默斯（Dermot Somers）的短篇小说中的一个人物宣称："我离开了这种野蛮主义，逃到岛屿西海岸的一个岛的西海岸外的一个岛的西海岸，那里的悬崖支撑着最后一个西海岸边缘上方的欧洲拱门。我会在那里取得巨大的成就，信仰坚定，超越一切。"[7]

约翰 · 福尔斯（John Fowles）具有一种爱岛的本能，他描述了岛屿不可抗拒的吸引力，遥远而空旷。如果你在岛上没有找到克鲁索，可能会发现自我。他声称，岛屿通过激发"一种模糊但直接的认同感，困扰并形成了个人和公众的想象力"。小岛的边界一目了然，一天可走完，"与人体的联系比其他地理构造的土地都更紧密。环绕四周的海就像我们进化的羊水——我们也曾经被包裹在其中。岛屿具有明显的个性，我们应该与我们自己的岛屿相对应。即使身处群岛之上，它们与世隔绝的特性也会永久存在。"[8]

一种特殊的心态

对于岛屿景观如何在社会和心理上塑造居民，福尔斯提出了一个悖论："就优点而言，岛上的人们有强烈的独立性、坚韧的精神、耐心、勇气、应对的能力。就缺点而言，那里的人冷酷、落后、对非岛民怀疑……所有这些都是我们所说的岛国性质。"[9]

虽然岛民可能将岛屿视作领土并且自力更生，清楚地知道大陆的价值观并与之保持一定距离，但外人可能会将这种特殊的心态视为孤立、叛逆甚至两面派。[10]

构成这种"特殊心态"的品质及其内在的悖论也在戴维·伽特森（David Guterson）的小说《雪落香杉树》中得到了呼应。该小说以华盛顿州的一个岛屿为背景，从大陆人的视角进行叙述，但他对岛民并不苛刻，因为他认识到一个被水包围的世界的局限性。在这里，"环境背景单调，没有可供转移的邻近社会"，因此岛民不得不压抑情感，因为"在一个被大海侵蚀的地方，没有人轻易践踏另一个人的情感"。这些压抑的情感可能使岛民们表面上过着平静的生活，却要因此付出无法言说的代价，就好像他们在"遗憾和无声的沉思中屏住呼吸。每一次思考都是正式的，他们拒绝深度思想。他们不能畅所欲言，因为他们身处绝境：他们转向的每一个角落面临的都是水和更多的水，无限之外还是水"。[11]

因此，伽特森笔下的岛民带着"遗憾而沉默的沉思"与邻居保持密切联系，岛民们很容易被认为是顽固的，他们仍然会以岛外人无法理解的方式存在着。

皮特凯恩岛位于伽特森岛以南9000公里处，在那里“没有邻国社会可以转移”。德亚·伯基特在《天堂之蛇》中塑造了岛民艾莉森，她的海岛生活让她既快乐又极度沮丧。这是一种“独特性，基于它的孤立性。前方没有城镇，在海岸公路上没有另一个度假村。就是这样，你所看到的、你所做的、你遇到的每个人都会永远是你将要看到的、将要做的、将要遇到的，直到你离开这座岛”。[12]

这种对现实直截了当的看法带着忧郁的底色，似乎被那些寻求岛屿生活意义的人所忽视，取而代之的是一种更乐观的看法。周围永久存在的大海不断提醒人们，生活是受约束的，岛屿的喧嚣有别于大陆的喧嚣，后者的很多事情都是理所当然的。这意味着微小的举动都有重要的意义，小岛生活不受大陆的批判。这使人们相信，一个人可以简化自己的理想，找到一个适合自己的角色。

这里的一切一目了然，远离大陆影响。这里到处是“个人的景观”，是一个不受大陆复杂关系影响的于个人有意义的地方。岛屿处于海洋的中心，岛民的视野都是广阔的。在这里，自然和社会景观可以促进亲密和团结，并与大陆的人类生活（深陷复杂的社会系统之中）更不同。[13]

正是对这种亲密的舒适感的期待，使得人们能够容忍最初令人生畏的前景，即到达浩瀚海洋中的一个不知名的小地方。对于到达皮特凯恩的德亚·伯基特来说，生活在仅有5平方公里的地方可以让她立刻了解岛屿的地理，并且建立自信心，尽可能快地在人口稀少的地方安家。她从未成功成为“皮特凯恩家族的一员”，但她确实非常熟悉岛上的地理环境，她了解到岛民以自己的名字命名岛上的事物，这给道路上的每条弯道、每一堆岩石和每棵树都赋予了独特的含义。[14]

我们应该多关注皮特凯恩岛，因为它有一段特殊的殖民历史。该岛屿位于巴拿马以西约 6600 公里、塔希提岛东南偏东约 2150 公里处。尽管邦迪号的叛乱者登陆后就有一些被占领的遗迹，但我们对该岛的了解可以追溯到 1789 年的这一天，当时九名叛乱者与六名塔希提岛男子、十二名妇女和一名儿童抵达皮特凯恩岛。弗莱彻·克里斯蒂安是他们名义上的领袖。他们所知道的是，皮特凯恩岛很难登陆，而且距离既定的航运路线也很远。他们可能会猜到，远离航海的波利尼西亚人可能会发现这里。而他们不知道的是，尽管该岛被标记在海图上，但由于位置不准确，距实际位置约 370 海里。

众说纷纭，但人们一致认为，他们的关系从一开始就不好。皮特凯恩的吸引力不大，所以叛乱者在波利尼西亚登陆，他们原本承诺土著人在一个新的富饶之地开始生活，但他们没有兑现诺言，土著人感到自己被欺骗了。叛乱者当时可能急躁不安，想找到一个避风港躲避英国海军的报复。

头几年似乎发生了一场特别残酷的内战，为了消灭证据，他们烧毁了邦迪号，十多年后，只有约翰·亚当斯和妇女们还活着。人们很容易认为欧洲人是一群暴民，他们不遵守海军纪律，恢复了卑鄙的本能。可以肯定地说，当叛乱者摆脱了威廉·布莱船长，与其说他们的行为是对他的野蛮统治的反抗，不如说是一种模仿。这与太平洋历史学家加文·道斯的结论有一定相似之处，他更加尖锐地断言："叛乱者对幸福的理解是控制他人而不控制自己。这些文明人也有野蛮的一面。他们绑架了塔希提岛的岛民，并将他们带到皮特凯恩岛。他们强迫男人做苦工，为争夺女人而与他们争吵。他们要为所有这些过分的行径付出额外的代价。皮特凯恩岛因种族、性和统治酝酿着愤怒，最终导致了阴谋、伏击、斧头谋杀以及血腥和破坏”。[15]

在这场动荡中也出现了一些积极的事件。1808 年，大概就是叛变者登陆后的第二十年，美国捕鲸船船长梅休・福尔杰发现了这个定居点。他说岛上的三十五个人“非常人道和好客”。1814 年，英国皇家海军塔霍河号的菲利普・皮蓬船长表示，在亚当斯的统治下，四十五个人身体健康、生活幸福。1825 年，第三艘到达皮特凯恩岛的船是花丛号，弗里德里克・比奇船长同样对岛上六十六位生活在和谐与幸福中的人印象深刻，他们的“道德、宗教和美德……都归因于老约翰・亚当斯的模范行为和教导”。[16]

类似的描述在对该岛岛民的早期描述中多次出现，这无疑帮助了约翰・亚当斯。他编造了他被迫参与兵变的故事。英国海军部通常会对叛乱者穷追不舍。亚当斯的经历要么被海军部接受，要么被忽视。他是皮特凯恩的族长，大家称他为“父亲”，在那里他是“皮特凯恩岛的总司令”。他的故事不太可能受到质疑。

但从后来的事件来看，1800 年至 1829 年很可能并不像大多数观察者所认为的那样和谐。年轻人在亚当斯的强大影响下长大，但他们无法摆脱前不久的血腥历史。因此，当亚当斯死后，他们就谁是继承者无法达成一致，并成为许多企图分而治之的冒险家、篡夺者以及外来者的阴谋的牺牲品。亚当斯的死预示着该岛进入一段“无政府状态”，据一位捕鲸外科医生说：“他们酗酒和感染上疾病，他们的道德已经陷入低谷。他们相互指责，表明他们深受恶习的影响。”[17]

随后的几年里，皮特凯恩岛总是有一个占主导地位的男性形象主持局面，并由一位控制岛上生活方方面面的有影响力的人支持。如果他们的权力受到怀疑，那么只需要让岛民相信他们掌控着船只，岛民就会顺从。

1852年，受人尊敬的W·H·霍尔曼在岛上待了九个月，他是第一个停留比较久的局外人。他声称该岛正在遭受严重的水土流失，气候变化无常，无法维持人口生存，而且岛民也变得懒惰和顽固，他在向英国海军的报告中总结道："毫无疑问，小岛的黄金时代已经过去了。我所看到的一切都让我相信，自约翰·亚当斯时代以来，它们一直在逐渐倒退。"[18]霍尔曼建议他们立即撤离到另一个岛屿。

1856年，皮特凯恩岛岛民在位于西边5500公里的诺福克岛重新定居，三年内有十六人返回皮特凯恩岛，随后在1864年又返回了二十七人，这证实了他们原来的岛屿更具吸引力。在此期间，几艘船造访了皮特凯恩岛。对重新安置的人来说，需要一些时间才能进入到海洋世界。捕鲸业已经衰落，这对皮特凯恩人来说无疑是艰难的时期，1872年，诺福克岛上的家人和朋友试图说服他们再次撤离，并且要求所有人都走。但是因为少数人拒绝，皮特凯恩仍然有人口居住。直到1914年巴拿马运河建成后，皮特凯恩岛的位置才有了优势，它刚好位于广阔的新航道和新西兰之间。大型客船开始每周停靠该岛一次，直到二十世纪六十年代才停止，此时长途航空旅行开始变得重要。皮特凯恩岛的人口似乎一直在缓慢减少，但他们顽强地寻找新的生存方式。

二十世纪八十年代中期，英国政府斥资两百万英镑在皮特凯恩岛建设港口。但更多时候，伦敦官员对岛屿的发展争论不休，岛民和游客都认为这些官员刻薄、玩忽职守，因为岛上的社会服务明显匮乏。西蒙·温彻斯特讲述了可能发生在二十世纪八十年代初期岛上的一场外科手术，未经训练的牧师使用手工锻造的自制器械对一名重病患者进行手术，并由外科医生在13000公里外的加利福尼亚通过电话进行指导。人们可以得出结论，皮特凯恩人会认为英国政府对他们照顾不佳。

二十世纪八十年代后期，来自弗吉尼亚的斯迈利·拉特克利夫——一个古怪的退休煤矿工程师，提出要租借亨德森岛。该岛是皮特凯恩群岛殖民地的一部分。他想建立一个“太平洋优等学中心”，并向英国政府支付五百万美元，租借九十九年，同时租借位于亨德森的一个小型简易机场和一条能让皮特凯恩人相对容易接触到外面世界的渡轮。他如此慷慨让人无法置信，但是英国政府根据世界自然基金会的建议，拒绝了这一提议，转而支持在亨德森岛上养殖无法飞行的、吃水果的鸽子和蜗牛。这样的政策会让皮特凯恩长期受苦的居民感到不安。[19]

皮特凯恩岛岛民也很可能对诺福克岛产生了一些不满。他们 1856 年从皮特凯恩岛撤离到诺福克岛后，诺福克岛蓬勃发展。1964 年，诺福克岛议会担心皮特凯恩的人口过少，无法持续发展，再次邀请了他们和他们的亲戚重新定居于此。他们担心岛上很快就会没有健全的男子和男孩来驾驶长船、卸载补给船、在船上进行贸易和维护岛上的基础设施。到二十世纪九十年代中期，德亚·伯基特访问诺福克时，岛上只有十二名男性（包括青少年和祖父辈）在做这些工作。

皮特凯恩岛的生活从来都不轻松。它的地理环境与“波利尼西亚天堂”的形象格格不入。海岸线陡峭、多石。夏季炎热、潮湿，干旱时，有时甚至很难种植蔬菜。一到雨季，几条土路就泥泞不堪。目前为止，岛上还没有报纸、电视、银行、汽车、咖啡馆和酒吧。这可能为维持某些乌托邦概念提供了条件，但皮特凯恩人会在某些节日里，禁止酒精、烟草、各种食物，他们还对波利尼西亚文化感到不满，因为该文化倡导安逸的生活、享乐的世界观、音乐、舞蹈和鲜艳的服装。皮特凯恩岛的大多数人有血缘关系，人口水平极低，难以维持社会运转的基本要求。

尽管如此，直到最近，访问该岛也是出了名的困难，理事会会议总是拒绝那些措辞严谨、动机纯正的申请。岛民似乎对外部干扰感到不满，并专注于自己的发展，就在这样的过程之中，他们萌生了被英国政府忽视的感觉。

岛上有一座法院和一座监狱，用作存放杂物。岛上没有犯罪事件，[20]但一百年前，原始居民的后裔阿米莉亚·杨（Amelia Young）表示人性就像“皮特凯恩的岩石一样恒久不变，但并不总是令人愉悦”。她认为如下表述是错误的，即“因为远离世界其他地方，任何种类的恶习或罪恶都不会有损于性格，或损毁与世隔绝的人的声誉”。[21]当一系列骇人听闻的事件曝光时，全世界的注意力前所未有地都集中在皮特凯恩岛身上，正好反映了她这句话。

早年的皮特凯恩人对从塔希提岛被绑架来的波利尼西亚妇女态度残忍、行为残暴。岛上的七名男子和岛外的六名男子表明，对年轻女孩的虐待发生在三代人身上。在岛屿文化中即使虐待女孩也不被视为犯罪，但也不可能被隐藏。在虐待儿童事件暴露之前的十多年，德亚·伯基特就访问了该岛，他指出皮特凯恩岛上没有什么是不被人知道的，因为岛民亲密地生活在一起，所以一切都可见。就像在一个家庭中一样，微小的行为可能会产生巨大的影响。[22]

1999年，一名英国警察被临时派驻皮特凯恩岛，他开始对投诉进行调查。他采访了在岛上长大并居住在新西兰、澳大利亚、诺福克岛和英国的女性。其中的一些被告还曾受邀请到美国，参加1886年皮特凯恩复临信仰百年庆祝活动。[23]即使史蒂夫·克里斯蒂（在国外宣传该岛的首席代表）被起诉之后，官方仍然替他保密，派他前往纽约并在联合国非殖民化特别委员会上发表了讲话。

这次调查中有六名男子被定罪，并根据实际情况从轻处置。他们于2006年年底开始在新监狱服刑，到2010年，所有人都已服完刑期，居家拘留。“居家拘留”意味着性犯罪者不会被驱逐出皮特凯恩岛，甚至不会与他们虐待的年轻人隔离。事实上，除了个别人外，这些人没有任何负罪感，而且对于岛上与罪犯关系密切的群体来说，他们对这种拘留有一种强烈的不满。

对于许多人来说，性犯罪者并不受欢迎，但皮特凯恩却不是这样。对他们来说，岛民和其他孤立的土著群体一样实践着文化上公认的性启蒙权和通行权，这些“仪式”只是在现代的道德行为准则中不可接受。对于接受这种文化的人来说，这里是一个完美的社会，人们自力更生并团结，但由于英国政府的迫害，年轻人内部正在四分五裂。这次行政当局的良心发现，只是为了让世世代代的罪行公布于世人面前。

据观察，岛屿可以对人性产生超然的影响。但在皮特凯恩，似乎没有证据能证明这一点。最初的定居者是叛变者、冒险者、道德有缺陷的人，他们因为偏见和执念而更加野蛮。这次的审判揭示了一代又一代的陋习。无论审判结果如何，男人地位依旧很高，妇女和儿童也还是依靠男人而生存。这里根深蒂固的落后观念让儿童经常遭到虐待。少数反对者将面临被边缘化的风险，无人可帮助他们。

皮特凯恩岛几乎是地球上最偏远的有人居住的地方之一，岛上仍然没有固定的船只提供服务，这让原始的男性权力在皮特凯恩岛上更加严重。所以那些议员通常会在内部处理游客的请求，这些请求通常都会被拒绝或者仅仅接受几天。游客可能会被有异国风情、有魅力的大男子主义吸引，所以皮特凯恩的神话很容易维持，尤其是对睁一只眼闭一只眼的英国当局来说，他们很高兴岛屿不会给他们找麻烦。

那么这是否意味着我们每个人身上都有阴暗面？如果没有文明的装饰，我们就会暴露出野蛮的本能？皮特凯恩岛上虐待儿童的事件并没有回答这个问题。几个世纪以来，这个问题一直困扰着社会哲学家和心理学家。自从审判案件以来，多次讨论都引起公众关注。与之形成鲜明对比的是作家们的一些预言，带着这样的预言，我们开始探索岛屿当代历史的艰辛和悲剧。

人们既定的态度和行为模式难以改变，在岛上和大陆上都是如此。我们可以设想简单随意的岛上生活，人们期待从大陆的生活中摆脱焦虑，期待在有限的新环境中展现更自在的自我。尽管我没有理由对这种预期保持乐观，但这是可能实现的。但人性可能是反常的，小岛生活同样很容易让人产生消极思想。岛屿与经常在海上的船只是相同的，都要受风暴和潮汐的支配。水手的幸福在很大程度上取决于与其他船员的互动，这也是船员经常出现社交功能障碍并处于近乎叛逆人类社会的原因。一旦上岸，人们似乎就注定无法摆脱这种心理状态。

岛民的生活环境可能令游客羡慕不已。例如，E·J·班菲尔德自称为昆士兰海岸附近的“敦克岛的海滩漫步者”，他对与其共享岛屿的生物群落了如指掌，这让游客十分惊讶。“他拍拍树，像是拍老朋友一样”。根据《伦敦时报文学增刊》的说法，有一个人正在实现每个读过巴兰坦或笛福的男孩的梦想，即“被咸海浸湿，被热带雨水浸透，被热带刺眼的阳光照耀”。[24] 班菲尔德也表达了身体亲密接触岛屿的感觉，他探索海岸时，产生了一种独特的满足感，在那里“而不是在显微镜下”发现“自然是如何表现的”。[25]

虽然班菲尔德在岛屿上表现得自由自在，但对于那些将岛屿作为逃离大陆焦虑的避风港的众多人来说，情况并非如此。乔纳·琼斯对布伦达·张伯伦的《潮汐竞赛》的后记充满同情："寻找岛屿是那些在大陆生活中遭受创伤的人的追求。布伦达带着受伤的心灵来到巴德西岛，像一个寻求治愈的朝圣者一样，希望能控制恐惧。人们对布伦达的第一印象是脆弱。她身材矮小，但骨骼强壮，有着立体的哥特式面容。但她深受伤害，她将其藏在心底。"[26]

琼斯补充道，有很多人为了获得救赎而寻找小岛，无论是小巴德西岛（Bardsey）还是太平洋的"天堂岛屿"，但似乎很少有人能够成功。而且救赎无法长久，即使受到迫害的让-雅克·卢梭在瑞士北部的圣皮埃尔岛（St Pierre）上找到慰藉，他也只待了两个月就又回到了混乱的大陆生活。

灯塔体验

在探索岛屿生活是否适合我们时，我们可以将目光放在近海而不是遥远的大洋深处。在不列颠群岛的灯塔系统实现自动化之前，享受岛屿生活的方法是成为灯塔守护者。他们是自愿的"流放者"，同时又有薪水。他们的工作要遵循严格的规定，这些规定决定了他们的职责，以及上岛、离岛的时间。虽然这个时间表可能会被海浪和天气条件彻底打乱，但人们知道，守塔生活与其他生活并无差别。

调查这些男人（偶尔也有女人）是否具有岛屿精神特质，是一件很有意思的事情。守灯塔本来就是社会心理学研究的一个很好的主题，研究人员形成了一个既定的研究小组。然而领港公司和北极灯塔委员会拒绝开放他们的岛屿。无论如何，灯塔系统的自动化意味着成为守塔人的机会已经失去。

研究发现了守塔人的一些特定的性格特征，这种性格是一贯的，并没有受到太多采访的影响。托尼·帕克在他的《灯塔》中为我们提供了一系列有见地的观点。正如书中一位饲养员解释的那样："如何告诉你它是什么样的？老实说，我不知道从哪里开始讲。你看到的是一个不同的世界，一个完全不同的世界，你自己无法想象，我也无法解释。三个人被困在岛屿上生活，这难道不荒谬吗？"[27]

托尼·帕克的《灯塔》写的是坐落在难以接近的岩石上的一座灯塔，有时甚至可能处于半淹没状态。周围唯一的景观是大海，每时每刻都会受到空间的限制。两个灯塔守护人在一起过得好像形单影只。在帕克对塔上生活的描述中，灯塔守护人的性格极具破坏性，另一个守塔人则十分嫌弃这段经历。

在第一次采访中，玛丽说她丈夫西蒙对第一年还比较满意，还"沉浸在灯塔的氛围中"，她描述道：

"他开始对灯塔着迷，迫不及待地想回去了。两个月以来，我都在思念他，希望他回家，但当他真的回来时，他整整一个月的时间只想着如何回去。我无法理解怎么会有人变成这样，尤其是对一个曾经喜欢家庭、喜欢我的人来说，我更无法理解。我从来都弄不明白他所说的岛屿的奇妙之处。我一次又一次地问他并和他讨论，但他只说在海中央的塔上让他十分幸福。就像是在那里得到了另一个女人一样，或者灯塔是另一个他更爱的女人……正是塔上的生活改变了他，我也只能以这种方式看待他。

"偶尔你会在报纸上看到这个地方或听到它的名字，这种时候，我都忍不住伤心，光是听到它的名字就让我不寒而栗。对我来说，灯塔像一个可怕的食人魔，我失去了西蒙，我的孩子们失去了父亲。就好像他去了那里，出了事故，被冲进了海里，再也没有回来。他去了那里之后就再也没有回来，我不知道为什么。我不愿意多想灯塔。”

埃里克描述了他父亲的“服役”状况：

“里面大约百分之九十的人都是这样，因为他们希望过得更好。坦率地说，他们干不了其他任何工作，因为他们不适合做正常的工作。他们的岗前培训非常糟糕、非常低效。我认为任何现代公司都不会在不了解员工是否具备资质的情况下，花费时间和金钱来培训他们。守灯塔者需要五十六天不与外界接触。除了和他在一起的另外两个人之外，他遇不到任何人。就好像他在修道院或监狱里，完全与世隔绝……我留在那里只是因为一个原因，那就是我没有思考我在做什么。那里有一个潜在的风险，那就是你会停止思考，在你知道自己在哪里之前，你发现你已经老了，无法再思考了……我发现上岸后，我不再属于平凡的世界。我会谈论我上岸之前发生的事情，那已经是八周前的事了，已经过去太久了，而且其他人早已经忘了。人们会和我谈论下周将要发生的事情，这对我来说毫无意义，因为下周我要回到灯塔上。

“你深知，如果你去酒吧喝酒，有时你会故意与其他人隔绝，一个人坐在角落里，为了掩盖自己的无知而避免与人交流。人们会和你交谈，他们会提到一周前发生的事情，可能只是一些琐碎的事，比如当地电影院放映的电影，而你对此一无所知。他们不可避免地会问你是外地人还是去远游了，当你说你在灯塔值班时，他们会问你关于灯塔的事情。所以无论怎样，你都无法加入正常的谈话。

“拥挤的街道也会对我产生影响。我会害怕拥挤的交通，因为我不习惯嘈杂，人们动来动去，而且人太多了。我害怕过马路或走进一家大商店。这令人困惑，充满恐惧，我想做的就是回到我感觉安全的地方——回到灯塔去。

“我认为这对任何人来说都是一种骇人听闻的状态，更不用说对于像我这样的年轻人了。这种生活是不真实的，与其说这是一种生活方式，不如说是一种逃避生活的方式。这是一种糟糕的经历，没有这段经历能让我过得更好。我认为非常有必要提醒人们，这样他们就不会像我一样不假思索地陷入其中。如果你不准备放弃你的个性，那么我不推荐你选择这种生活方式。”

西蒙和埃里克在塔中工作的经历，与在较大岛屿上的经历不同。后者总是实事求是地讲述他们的经历。显而易见的是，将一个人的世界浓缩入一座塔，可能会降低生活品质。但灯塔看守人做好了心理准备，这也许是因为他们的家人通常对工作的潜在危险有充分了解。几乎没有证据表明，灯塔看守人在履行职责的过程中，会调试自己的心理状态，超然物外。

作为一名海上皮划艇运动员，我有幸与许多在离岸岛屿上工作的灯塔看守人交谈，他们看守的岛屿包括诺森伯兰郡的法恩群岛、巴德西岛、斯科霍姆岛、斯凯里群岛、南斯塔克岛、威尔士的圣·托达瓦尔以及刘易斯和外赫布里底群岛的巴拉头。在这些访问中，我只感受到了灯塔看守人的热情好客。1964 年，我在南罗纳度过了两个星期，那里的灯塔看守人显然被这个岛屿吸引住了，乐于与年轻人分享他在岛上的乐趣。他的同伴则对这座岛几乎没有好奇心，也很少离开灯塔。

心灵之岛

就像灯塔看守人一样，我们的岛屿体验将在很大程度上取决于我们带到岛上的东西。否则，我们就只剩下自我反思，小岛总能以超然物外的方式洗涤你。

有两部短篇小说阐明了这一点：一部是 1924 年 W·萨默塞特·毛姆（Somerset Maugham）出版的《德国人哈里》（*German Harry*），另一部是 1926 年 D·H·劳伦斯（D.H. Lawrence）出版的《爱岛之人》（*The Man Who Loved Islands*）。[28]

公平地说，德国人哈里寻找岛屿并不是为了逃避大陆生活的痛苦。相反，他和一群海员一起被滞留在一个岛上，三年后，当救援到达时，他决定留下来，最后在岛上住了三十年。在等待救援的三年中，最初的十六名海员中有十一人死亡，这意味着无论他们是怎么死的，都足以让哈里不再愿意加入更大的集体。这一点以及关于珍珠宝藏的谣言，就是哈里出场的背景。哈里对大自然给予他的生存物品并不珍惜，对岛外的世界也没兴趣。他感到困惑，“如果他们在书中告诉我们的是真实的，那么他长期接触自然、海洋，应该能窥见其中许多微妙的秘密。但他并没有。他是个野蛮人，他只不过是一个狭隘、无知、脾气暴躁的水手。然后我就预见了结局。有一天，一个采珍珠的人会在岛上登陆，而哈里沉默而多疑，不会在海边等待他。他会走进小屋，躺在床上，回想起过去的他是什么样的。”[29]

这已经够忧郁了，但后记同样如此。1951 年 11 月 24 日，在《悉尼先驱晨报》一篇题为"萨默塞特·毛姆的《德国人哈里》的残酷结局"的文章中，约翰·W·恩肖声称《德国人哈里》源于 1922 年萨默塞特·毛姆访问托雷斯海峡的拯救岛的经历，原型实际上是丹麦人亨利·埃沃尔特，他于 1928 年在那里去世，享年七十九岁。恩肖访问拯救岛时，大约是萨默塞特·毛姆访问的六年之后，他将这座岛描述为："周长约 1 公里，四周环绕着白色的珊瑚沙滩，椰子树在微风中翩翩起舞，周围环绕着宽阔的边缘礁的岛……这让人想起一本冒险书中的岛屿。在海滩上我们看不到'哈里'的迹象……于是，我们带着不祥的预感划上了岸。在高架地板下，躺着德国人哈里的遗体。时间和炎热的热带阳光改变了他，很难让人将他的遗体与曾经强壮的水手联系起来。他伸直的骷髅手臂似乎紧紧抓住土壤。"他的右手和左脚都不见了，日历上显示他已经死了大概两个月了。

根据恩肖的说法，亨利·埃沃尔特（Henry Evolt）于 1849 年出生于丹麦。作为一名海员，在十九世纪九十年代，他与希腊人路易一起在荷兰新几内亚海岸的一艘船上工作，在拯救岛上捕捞海参。在乔·奥斯汀（Joe Austen）或约瑟夫·奥古斯丁·德·保利（Joseph Augustin de Paoli）到来之前，这似乎是一项成功的事业。根据恩肖的说法，他是科西嘉岛的一名幸运的士兵，曾在克里米亚和普法战争中作战。1871 年，德·保利被捕，并被流放到新喀里多尼亚，但在墨尔本成功逃脱，然后开始在太平洋流浪。但他的到来注定要打破埃沃尔特和希腊人长达十五年的合作伙伴关系：当他乘着一艘满载龟壳和其他商品的船离开并在星期四岛上卖掉这些东西时，希腊人路易斯离开了。在接下来的二十八年里，埃沃尔特独自一人在岛上。恩肖总结道："在他临终前，他最大的恐惧是当局可能会将他从岛屿避难所中带走，并将他送到布里斯班的养老院。‘德国人哈里’是最后一个新几内亚的海滩流浪者，再也不会有这样人的出现了。”

所有这些似乎都是可信的，直到我读了《法国人乔》，这是萨默塞特·毛姆以托雷斯海峡的星期四岛为背景写的短篇小说，大约在恩肖发现埃沃尔特之死的两年前发表。这个故事的主人公是乔，描述方式与恩肖描述科西嘉的幸运士兵非常相似。

恩肖声称，萨默塞特·毛姆大约在1922年访问了拯救岛，在那里他遇到了“哈里”，这是他故事的灵感来源。《德国人哈里》于1924年出版。《法国人乔》于1926年首次出版。恩肖声称在1928年发现“哈里”死在拯救岛上，《法国人乔》印证了这一点。他没有提及自己正在做什么。

托雷斯海峡似乎不止发生过沉船事故，还有大量关于猎头族人和食人者的耸人听闻的故事。但“哈里”和“乔”与此相去甚远，这些角色来自萨默塞特·毛姆的经历。事实上，伊丽莎白·伯吉尔在她的《星期四岛的护士》一书中说到，《法国人乔》实际上是一个名叫西蒙的男人，他是她在1958年至1960年间在星期四岛工作时遇到的最年长的人，而且有可能西蒙不仅为毛姆的“乔”提供了灵感，也为“哈里”提供了一些灵感。[30]但这似乎不太可能，恩肖只是为了解释小说中的角色在现实中发生的事情，“借用”了另一本小说里的描述。恩肖也许在恶作剧，但鉴于事实和虚构交叠的复杂背景，这一点很难得到证实。

肯定的是，在托雷斯海峡，一个叫罗恩·布兰特的当地人（他的真名可能是戈斯塔·布兰德）在帕克岛（Packe Island）独自生活了近二十年。他被称为“瑞典的鲁滨孙”，并于1981年去世。据说当地人避开该岛，是因为他会拿枪指向来访者或者直接向来访者开枪。但大约在 1975 年，瑞典人托瑞·泽特伦德探望了戈斯塔，他是从戈斯塔的兄弟那里获得的消息。泽特伦德着迷于关于南方岛屿的一切：平静的湛蓝的海水、柔软的白色沙滩一直延伸到安静的棕榈树。家人的提前告知让戈斯塔有了准备，他一点也不像来访者预期的那样冷漠，这让泽特伦德认为戈斯塔在岛上的生活深受孤独的影响。在离开时，他写道："我最后看了一眼他的船舱……那里有三把枪、两把望远镜、一面破裂的镜子、一个旧收音机、一些罐头和一副老式眼镜。这就是他的一生，外加孤独、艰辛和偶尔的疾病。当我们离开时，他坐在船上挥手告别，他离我们越来越远。人们很快就忘记了他的存在。"[31]

戴维·赫伯特·劳伦斯的《爱岛之人》写的是位于英吉利海峡群岛的两个岛屿——赫姆岛（Herm Island）和较小的杰图岛（Jethou Island），以及苏格兰的赫布里底群岛中较小的希恩特群岛。故事中的岛屿并没有名字，但众所周知，劳伦斯借鉴了像康普顿·麦肯齐（Compton Mackenzie）的习惯，将一个岛的名称移到另一个岛屿上——从卡普里岛到赫姆岛、杰图岛、希恩特群岛和巴拉岛。1925 年，麦肯齐购买了希恩特群岛，该群岛的主岛自 1901 年以来一直被遗弃，岛上现在全是绵羊、老鼠和令人咋舌的野生动物。他翻修了一间小屋，偶尔一两天在里面写作。劳伦斯因麦肯齐容易出现的戏剧性的自负和自我膨胀而愤怒，当麦肯齐宣称爱上了希恩特群岛时，劳伦斯尖锐地讽刺他。[32]

正如叙述者所解释的那样，这个人想拥有属于自己的岛屿——他自己的世界。他不可能是一个大岛的主人，那样和大陆没什么区别。"它必须非常小，才能感觉像一座岛屿，才能在上面施展你的个性。"赫姆岛长约 2.5 公里，最宽处约 1 公里。他要将其打造为"快乐岛……一个由人类亲手打造的纯粹完美的小世界”“像家一样舒适，小路和林间空地是一片黑刺李，有许多你可以窥视的鸟类和巢穴，这个岛屿就是属于你一个人的。”

但是到了第三年，“当狂风来临的时候，你觉得岛屿是一个宇宙，它无穷无尽，自混沌之初就存在着。这时候岛屿根本不是一座岛屿，而是一个无限的黑暗世界。”这种从希望到绝望的蜕变伴随着他建立的小社会的幻灭，在这个世界中岛民打乱了他的计划。他要求岛民服从，但他们既不忠诚也不诚实。尽管付出了巨大的代价，他还是未能找到幸福和满足感。相反，他越来越焦虑、沮丧，他咒骂这个岛是“奸诈和残忍的。尽管岛上白茫茫一片……但它是你无情的敌人”。

他没有被吓倒，因为他是“热爱岛屿的人”，他不会因小挫折而停滞不前。他搬到了邻近的一个小岛上，在那里他仍然可以成为岛屿的主人，“就像太空中的最后一点……小岛不再是一个世界。它是一个避难所。”在这个避难所里，即使是在花丛中写一本书也变成了一种负担，失去了意义和目的感。而且，与他一起从大岛上留下来的少数员工对“意义和目的”的理解甚至比他还要少，他决定寻找一个更偏远、更小的岛屿。

当他到达最小的岛屿时，就像偷渡者一样，他也将自己的狂妄自大——“无情的敌人，无限的黑暗世界”带到岸上。没有任何岛屿、任何地方可以让他完全按照他的意愿去塑造。相反，与世隔绝让他更加偏执。现在他甚至觉得几乎没有船能带来有趣的人，他有些无法忍受了。他开始讨厌羊发出的类似人类的声音，并学会欣赏“像人一样站起来，自信挺拔”的树木。他唯一的安慰是知道自己是孤独的，“独自一人，与空间融为一体。”

热爱岛屿的孤独之人值得我们同情。但在最小的岛屿上凄凉地度过最后的日子的人却是傲慢的。他相信，在岛上，他能够摆脱大陆的干扰，重建自己的生活，这种偏远并不意味着孤立。小岛和更小岛屿的环境并不是特别恶劣，即使他在谴责第二个岛屿家园的时候，他也沉迷于岛上的“白花盛开”。但是，由于他试图将大陆的价值观带到岛上，寻求一个属于自己的岛屿——这个岛屿在他的管辖范围内，不会挑战他的权威，在那里一切都可以被看到，他可以成为他所看到和触摸到的一切的主人。这样的虚荣最终也会导致偏执，最后证明也确实如此。最终，他只掌握了一片死寂的风景，被自己神经质的野心、傲慢折磨而死，对生命的前景毫无期待。[33]

或许劳伦斯 1919 年离开英格兰后的生活能带来苦涩的安慰。他觉得英格兰乏味，便去寻找一个更符合自己的气质的避风港。德国、意大利、法国、东北亚、澳大利亚、美国西海岸和墨西哥似乎都让他失望了。就像我们凄凉的岛民一样，他过着流亡、异域的生活，但人际关系舒适，没有挑战。[34]

后记

岸上的陌生人

一个来自内陆的陌生人第一次来到海岸。在学校时，她很喜欢地理，所以当她观察海岸时，看到海滩、悬崖、海角和海湾会产生有一种熟悉感。但紧接着她会失望、心烦意乱，直到在远处的狂风之间，她发现了一座若隐若现的岛屿。那岛屿坚挺的轮廓在远处隐隐约约在不停地变化。她需要集中注意力观察，它似乎吸引了她。她猜测它不一定存在，在逐渐消逝的光芒中，她担心它会永远消失。她决定去探寻更多。

她并不是唯一一个对岛屿感到困惑的人，成千上万的岛屿散布在大洋彼岸，似乎想要逃避其他岛屿，彼此遥不可及。大多数人永远不会去造访这些岛屿，但那些勇敢的人会去往这些岛屿，然后讲述他们在岛上的经历，根据他们的描述，岛屿既是“天堂”，也是“地狱”。

从古至今，自然哲学家就一直在寻找证据来解释地球在宇宙中的位置，就像地理学家探索地球一样。他们的理论依赖于探险家和航海家的经历，他们出于各种动机，有些为了实事求是地写报告，有些为了满足政治、经济利益。他们甘愿冒险的原因只有一个，那就是证实地球上有“天堂”，而“西边的大海”是通往应许之地的路线。

岛屿通过大火和烟雾来迷惑外界，用散发气味的沟渠、声响向外界宣告着自己的存在。大雾弥漫，船只朝岛屿的方向航行，如果岛屿只是海市蜃楼，船只便能逃过一劫。这些岛屿可能刚刚被发现，但没过多久就消失。岸上的人可能会做出怪异的手势，暗示这里不是停留的地方；在其他即将被发现的岛屿上，岸上的人们可能挥手邀请，拍打着混着白沙的海水，水中倒映着结满果实的树木，柔和的空气中飘荡着孩子们愉快的玩耍声，一切都沐浴在阳光下。

无论船员们发现了“天堂”还是“炼狱”，或者他们的船是否被击毁，他们是否被抛弃、搁浅和被困，那些有幸能够安全回家的人都会带回一段奇怪的、充满异国情调的故事，作家可以将这些故事再美化加工。《鲁滨孙漂流记》就是这样诞生的，而且一些自愿漂流的人都模仿鲁滨孙。

我们的想象力被超越时间限制的岛屿所激发。如果“时间不等人”“不是每个人都是一座孤岛”，那么岛屿的落后和不稳定就可以被原谅——一夜之间就可能倾覆于“火海”中，第二天被海啸、海洋和洋流摧毁，或者被河流和大潮所吞没。

岛屿的地理环境脆弱。土著人之所以能存活下来，是因为岛屿与世隔绝，当“原始”的环境只是一个污点时，登岛会产生致命的后果。生物群落凭借其独特的适应性似乎也能生存数千年，直到它们的“封闭系统”被打破，“原始”才会暴露出来。

岛民生性温和，总是在有限的资源环境中寻求稳定。他们擅长举行小规模的传统活动。现在他们已经学会了利用异国风情和特殊的历史将岛屿打造成“天堂”。直到他们发现旅游是把双刃剑，他们才想起了自己的脆弱和软弱。

自古以来，大海和天空就为各国提供了实现野心的途径。偏远的小岛已无数次成为这野心的牺牲品，因此荒岛冒险成为帝国权力游戏中的棋子，被帝国们吞并和交易。无论是像鸟粪种资源，还是像核武器的试验都被岛屿之外的人决定着。因此岛民肯定没有生活在“天堂”里。

我们的陌生人性格古怪，意志坚定，好奇又任性。她回到了同一个海岸，感觉自己像是小岛问题的专家。但她从来没有涉足过任何一座小岛，但她想登岛。她想寻找一个摆渡人，但似乎没有人愿意摆渡她。

她的野心似乎被挫败，她坐在那里俯瞰她的岛屿，舒适无比。或许，就是因为她的梦想遥不可及，她现在可以想象岛上发生了什么，不用被“现实”来打扰如此丰富的想象。

岛屿故事

2010 年 2 月，在南美洲附近的鲁滨孙·克鲁索岛上，一名十二岁的女孩感到地面在颤抖，港口的龙虾船晃得越来越严重，海面也越来越波涛汹涌。她拉响了市政厅的警报，唤醒了大部分正在午睡的岛民。岛民们按照紧急情况的疏散标志逃往地势较高的地方。

据报道，仅仅三分钟后，巨浪冲向陆地，海平面上升 20 米，席卷了 300 米开外的村庄，该村庄有六百五十个人。学校、幼儿园、市政办公室、教堂、文化中心、大部分商店和一些房屋遭到严重破坏。但因为年轻女孩的及时警报，没有人丧生。[1]

坎顿岛（Kanton Island）是基里巴斯岛的一部分，是一条 15 公里长的珊瑚带，周围环绕着一个潟湖。在第二次世界大战之前，它是太平洋水上飞机的停靠点，因此英国和美国争夺该岛的控制权。在二战期间，一千二百名盟军士兵占领该岛，将其作为进攻日本的基地。二十世纪六十年代，航空公司撤出该岛。在英国和美国放弃环礁之前，它曾短暂地成为美国的导弹跟踪站。这里的邮局也在 1976 年关闭。

2010 年 5 月，一名英国水手从夏威夷运送一艘帆船到布里斯班，在那里发现十四名成人和十名儿童。他们是这个世界遗产的守护者，并且急需食物。补给船已经延误了三个月，到来的时间遥遥无期。水手给予了岛民一些物资，并用他的卫星电话联系了 15000 公里外在法尔茅斯的英国海岸警卫队，帮助解决岛上的食物危机。[2]

根据英国广播公司的新闻报道，1993 年，英国皇家空军的射程偏离，轰炸了苏格兰北海岸附近的岛屿。

希腊拥有欧洲最长的海岸线，长达 1600 公里，拥有近一万座岛屿。对于许多有人居住的岛屿来说，渡轮至关重要，而热门航线对渡轮的运营商来说是有利可图的。二十世纪九十年代后期，围绕运营许可证的激烈斗争导致渡轮险些陷入困境，船长们试图从小岛港口走捷径。一些私人渡轮也产生了冲突。据说，有一个人试图在亲人所在的船上安装炸药来击沉他们的船。[3]

据说，伦敦的一家房地产经纪公司曾经在刘易斯岛购买了一处房产，苏格兰高地和大部分岛屿地区有这一传统。他们打算限制支出并扭亏为盈。据报道，他们向英格兰南部的买家出售微小的海石和小岛，凭此赚了数万英镑，超过了他们为整个庄园支付的费用。

1856 年，皮特凯恩岛的人口迅速增加到一百八十七人，人们担心这片土地和日益减少的渔业将无法维持这些人口。岛民们被疏散到诺福克岛，该岛曾是流放地。离开的人很快就不满意，两年后又乘船返回皮特凯恩岛。当他们到达岛上的“首都”亚当斯敦时，发现他们的房屋并没有被遗弃，也没有长满杂草。一些建筑物显然已经有人居住了，而另一些建筑物则被拆除。石板上还有乔赛亚·尼克森·诺尔斯船长写的文章。

1858 年 2 月，载有三十名船员和十名乘客的野浪号船只被抛到奥埃诺岛（Oeno Island）的礁石上。幸运的是，他们找到一处水源，岛上还有大量的陆地蟹和老鼠。他们尽可能地从沉船中打捞物品，在岛上安营扎寨。

诺尔斯船长和六个人一起乘一艘小船驶向皮特凯恩岛，两天后他们艰难地登陆，但他们的船最终被海浪冲毁。诺尔斯发现亚当斯敦被遗弃后，该地区就没有捕鲸船了，感到非常失望。

他们开始不情愿地拆除一些房屋以建造一艘船，四个月后启航。航行十二天后，他们到达了位于马克萨斯的努库希瓦岛（Nunu Hiva Island）。在那里，诺尔斯营救了留在皮特凯恩和奥埃诺的船员。

在经历了十四年的磨难之后，船长回到了皮特凯恩岛，受到了当地居民的欢迎。[4]

1965 年，一对英国夫妇太妃和邦尼·巴夫顿搬到了圭亚那岛（Guiana Island），距离安提瓜岛东北海岸仅 100 米，面积仅有 2 平方公里。在那里，他们替岛屿的主人耕种，主人是伦敦的一位律师。当 1972 年岛主人去世时，这对夫妇声称他们签署了九十九年的租约。该协议从未正式达成，但他们仍然是岛上唯一的居民，他们照顾岛上的野生动物，其中包括濒临灭绝的西印度口哨鸭和其他稀有动植物。

1997 年，安提瓜政府和一位马来西亚的亿万富翁宣布投资六亿美元，在这个小岛和邻近的沿海地带建造亚洲村，其中包括拥有一百间客房的酒店、高尔夫球场、赌场、购物村、会议中心、剧院和水上主题公园。如果这对夫妇不配合，那么政府将通过《太妃和邦尼法案》专门解决这一问题。该法案规定如果不离岛，巴夫顿夫妇和他们的同党将面临一万英镑的罚款或九个月的监禁。该法案还为他们在安提瓜岛提供了海滨住宅和每月五百六十七美元的津贴。巴夫顿夫妇情绪激昂，警方声称太妃在争吵中开枪打伤了总理和他的兄弟。[5]

2009 年，"电视通灵者"乌里·盖勒（Uri Geller）购买了位于苏格兰福斯湾的兰姆岛（Lamb Island）。这是一个占地约 1500 平方米的锯齿状火山，据说他为此支付了三万英镑。这座岛与亚瑟王、罗伯特·布鲁斯国王和爱尔兰古代国王等传说都有渊源，价钱算是便宜的。

2005 年，《卫报》声称，鲁滨孙·克鲁索岛上有一群活跃的冒险家。他们用一种微型机器人探测到地下 50 米深处，发现该岛地下有价值一百亿美元的金币和印加珠宝。据说，1715 年，西班牙水手胡安·埃斯特班·乌比拉·埃切维里亚埋葬了这些宝藏，这个谣言一直吸引着寻宝者。寻宝者声称一半的宝藏是他们的，并表示将捐赠给非营利组织。智利政府表示，寻宝者无权分享宝藏。

事实证明，他们确实没有分享宝藏的权利，就像历史上许多寻宝者一样。他们似乎什么也没找到，但他们并没有放弃，六年后的《圣地亚哥时报》声称，美国百万富翁伯纳德·凯泽通过向美国国家宇航局提供太空服材料赚钱，并且已经在该项目上花费了两百万美元，他计划第五次上岛寻宝。[6]

1988 年 9 月，《观察家报》发表了一篇题为"前萨里污水处理员带领圣诞岛叛乱"的文章。根据这篇文章，"印度洋上的一个偏远岛屿正在与澳大利亚政府就其生存问题展开斗争，该斗争的领导者是一位名叫戈登·贝内特的英国人。四十四岁的前污水处理员领导着九百名手下，澳大利亚行政人员称其为‘吉姆勋爵’。他们将澳大利亚政府告上法庭，要求政府放弃在圣诞岛上的权力——该岛距澳大利亚大陆 1600 公里。堪培拉与政府不和长达十二年，因而它关闭了岛上的矿山，并将所有工人转移。”[7]

1967 年 9 月，罗伊·贝茨少校占据了一个二战时期的防御平台，该平台位于英国埃塞克斯海岸 10 公里外。他将其称为“西兰公国”。贝茨为自己的岛屿制作了国旗、护照、邮票、货币和国歌，还制定了宪法。

2012 年，岛上拥有四名流动人口，外加一些技术娴熟的职业球员。他们举办了一场足球比赛，将此次比赛看作为“国际球员”的机会。球赛在大陆上举行，因为他们害怕丢失的球会落入水中。最终他们输给了查戈斯群岛队，那是一支流亡的球队，四十年前，为了建设美国军事基地，其岛民被英国政府赶走（见第六章）。[8]

亨德森岛距皮特凯恩岛约 200 公里，距巴拿马 6500 公里，距塔希提岛 2150 公里。1851 年，当皮特凯恩人首次到达亨德森岛时，在改善渔场、提升木材供应时发现八具人类的骷髅。

岛上覆盖着矮小的灌木，只有少量的淡盐水，因此他们决定将岛屿留给骷髅。[9]

1777 年，一个木桶在威尔士的彭布罗克郡海岸靠岸。桶身写着“打开它，你会看到一封信”，信里面写着：“恐怕我们都要死了。我们几乎没有水了，火完全灭了，我们的房子摇摇欲坠……由于缺乏油和水，灯光只能再维持十六晚。”它在两天内从斯莫尔斯群岛（Smalls Islands）的灯塔漂流而来，当时一名铁匠和灯塔设计者正在维修灯塔，这位灯塔设计者在之前是一位杰出的乐器制造商。[10]

明古莱岛（Mingulay Island）位于外赫布里底群岛的巴拉岛以南19公里处，岛上流传着这样一个故事：几个月以来，人们都没有收到来自岛上的任何消息，一名水手登上小岛发现所有人都死了，这些人显然死于瘟疫。由于担心受到感染，他的同伴迅速离开，他被困在岛屿上长达一年零一天。[11]

1835年，墨西哥政府希望在加利福尼亚海峡群岛的圣尼古拉斯（San Nicolás）捕捞水獭以获取高额利润，因此原住民被赶走。匆忙中，他们落下了一个回岛上寻找孩子的女人。随后，水手和猎人偶尔会在岛上看到她，但当人们靠近时，她总是立刻逃跑。1853年，她被带到圣巴巴拉传教团，几天后她就去世了。[12]

1979年2月，五名男子离开夏威夷的毛伊岛（Maui Island），在一个名为莎拉·乔的五米长的小船上钓鱼。暴风雨来临，船员失踪了，海岸警卫队和一群当地人（包括海洋生物学家约翰·诺顿）长时间搜索，但没有发现莎拉·乔和五名男子的任何踪迹。

九年后，诺顿前往一个名为桃恩基的环礁寻找野生动物，该环礁是马绍尔群岛的一部分，距离毛伊岛约3750公里。在那里，他在海滩上发现了一艘带有夏威夷注册标记的小船。几米外有一堆岩石，岩石上有一个人的腭骨，这显然是一个坟墓。坟墓里有一叠未装订的纸，纸张大约有15平方厘米大小，每一页与下一页用一张锡箔纸隔开。

海岸警卫队认为这艘船是莎拉·乔，牙科记录证明坟墓里的下腭骨属于斯科特·摩尔曼——莎拉·乔上失踪的渔民之一。后来，人们在同一地区又发现了斯科特·摩尔曼的骨头，潜水员在附近的珊瑚中发现了这艘船的发动机。[13]

十七世纪流传着这样一个故事：1615 年，法国海盗在从英格兰到爱尔兰的途中拦截了一艘客船。船上的三名乘客连同这艘船被拖走。一场猛烈的风暴来临了，迫使海盗们抛弃战利品，之后战利品被卷入深海之中。不幸的船员们没有饮用水，他们唯一的食物就是一袋糖。他们吃尽苦头，最后他们的船被抛到岸边撞得粉碎，他们也到了一个小岛上。一人溺水身亡。

小岛上相当于一块没有植被覆盖的岩石，人们除了在岩石的坑穴中搜集咸雨水外，再没有其他水源。如果运气好的话，可能遇到三块岩石形成的一种长凳，可以用来晒鱼。他们还有一块从船上打捞出来的木板，他们用石头和石板造了一个庇护所。还有一把刀，可以捕捉海豹和海鸥，岛上还有蛋类。

六个星期后，可怜的英国人醒来发现他的同伴已经消失了。现在他没有朋友可以分担这可怕的磨难。不久之后，他弄丢了刀，只好用磨尖的钉子替代。冬天很快到来，他身上仅有破布遮体，他要么被冻死，要么被饿死。由于还需在岛上待较长时间，他还是发挥了自己的聪明才智，用海豹油涂抹了一块木头，然后将其从庇护所墙壁的裂缝中插入，当鸟落在上面时，就可以轻松抓住它。

近一年来，他成为这块岩石的唯一居住者。后来，一艘来自挪威的货船被潮汐和洋流卷到了这座岛屿附近，船员们用小艇将船从险境中拖出来，并寻找机会上岸寻找鸟蛋。他们看到远处有一个幽灵般的身影，立刻想到了最糟糕的情况，逃回了他们的小艇，然后用尽力气划回了他们的船。

最后，可怜的英国人因他的忍耐力而得到老天的眷顾，一艘船再次被卷到岸边。这一次船员们仔细地看了看，相比起人，他更像是幽灵：

几近赤裸，皮肤黝黑，毛发旺盛，脸部消瘦，眼睛扭曲。但是他得救了，后来他回到家乡爱尔兰，一遍又一遍地讲述他的故事。[14]

道森岛（Dawson Island）位于麦哲伦海峡的蓬塔阿雷纳斯附近，奥古斯托·皮诺切特（Augusto Pinochet）臭名昭著的集中营就建在那里。它建在西里西亚最后一批前往火地岛的传教团所建的旧址的废墟上，在火地岛，这些善良的牧师为最后一位塞尔克南人做了祷告。

1988 年，报道称，皮诺切特越来越感到四面楚歌，因此他在鲁滨孙·克鲁索岛上为自己准备了一个避难所，鲁滨孙·克鲁索岛是十八世纪早期漂流者亚历山大·塞尔柯克的故乡。[15]

作者后记

二十世纪六十年代，每年夏天我都会参加由赫布里底的学校组织的探险活动，在岛上度过。我的同伴都很聪明、有好奇心、充满想象力而且很热情，我们一起探索了戈梅特拉、南罗纳、哈里斯、南尤伊斯特和沿途的其他几个岛屿。我记得，我们的时间都花在寻找“我们”的岛屿，去了解它们的起源和历史。这些尝试激发了我进一步研究的好奇心，为了后续本科阶段的研究，我对哈里斯附近的斯卡普和斯卡尔帕伊进行了实地考察，调查了 1745 年以来人口减少的情况。我仍然有一张褪色的黑白照片，照片中的田地非常小，我只好用我的脚步来丈量大小。1971 年年底，斯卡普岛和赫布里底群岛的其他岛屿一样，成为人口稀少的岛屿。

在探索赫布里底群岛的间隙，我去了科西嘉岛、撒丁岛、利帕里岛、斯特龙博利岛、武尔卡诺岛和西西里岛。二十世纪六十年代末期，我前往了位于格林纳丁斯的卡里亚库岛（Carriacou Island）探险，在那里进行了为期六周的土地使用情况测绘。那个时候，一双靴子、一个背包、一张地图，加上使用它们的好奇心，是地理学家追求事业的标配。

二十世纪七十年代初期，我在北威尔士工作，期间，我划皮划艇去了安格尔西岛（Anglesey Island），在梅奈海峡和南斯塔克、斯克里和巴德西周围的海域工作，然后到更远的斯寇莫岛（Skomer Island）、斯科克霍尔姆岛（Skokholm Island）以及法恩群岛。到二十世纪中期，我回到了赫布里底群岛，1976 年，在一个美妙的夏天，我乘皮划艇环游了外赫布里底群岛。

之后，我去了更远的海滩。1977 年至 1978 年，我从比格尔海峡以南的岛屿出发去到合恩角，一年后从鲁珀特王子港到锡特卡的阿拉斯加。在最后一次旅行中经过不列颠哥伦比亚省的时候，我在温哥华岛的维多利亚大学度过了几年，然后乘坐皮划艇和帆船探索装饰着太平洋的无数岛屿。与此同时，我完成了一篇关于岛屿的博士论文。

回到欧洲，我乘船探索了地中海中鲜为人知的岛屿，然后横渡大西洋，停留在了巴西东北部附近的加那利群岛、佛得角和费尔南多·迪诺罗尼亚群岛。

游客认为只要脚踩到了岸边，即使只是片刻，也算是去过岛屿。他们的时间往往很紧张，行程也很短。对我来说，如果你称自己为旅行者，你就要在这片土地上过夜、停泊或至少将船紧紧地锚定在岛屿上。如果按这种方法算，我可以说我去过一百五十三个岛屿。

回想起来，我能游历这些岛屿，靠的是谦虚、偏执的毅力以及同伴的支持，我们在需要时愿意互相支持，从而获得克服挑战的喜悦感。也许还有“恋岛癖”的原因。说实话，它待在我的脑子里，我在写这本书时深受其苦。

致谢

很久以前，在温哥华岛的海岸上，我有幸获得维多利亚大学提供的大量资源，这使我能够进行研究，这些研究是本书的写作基础。我深深地感谢支持、鼓励过我的学生和教职员工。

在加拿大，大卫·鲁滨孙、劳内·麦金托什、玛里琳·鲍林、迈克尔·埃尔洛克，以及悉尼（不列颠哥伦比亚省）的海洋科学研究所，也给我提供了帮助。

在美国，雷·布拉德利让我正确看待全球变暖问题（与本文中的所有其他内容一样，仅我个人对此言论负责）。

在阅读早期草稿之后，我要感谢玛格丽特·凯勒斯、瓦克斯·里贝克斯、哈维尔·阿莱·维恩戈、已故的弗兰克·古德曼、理查德·莱特、阿利·凯勒斯、G·W·S·（比利）·罗宾逊、史蒂夫·罗伊尔、安德鲁·麦克内莉、罗比·尼克尔以及许多学生朋友。我在写作时面临种种困难，很容易分心，太容易拖延，但最后我还是找到了自己“正确的位置”。我要感谢拉斐尔·爱洛丝和玛丽·麦克劳德帮助我克服这个困难。

尤塔·瑞秋和考伊特·腾在温哥华岛上有一个充满爱意的家，我可以从这里出发进行无数的岛屿冒险，感谢他们提供住所。我特别感谢萨拉·曼宁和吉姆·佩兰的建议和鼓励，并通过他们认识了我的出版商萨拉班德。如果没有道格·波蒂斯深沉的智慧，这本书就会在“岩石海岸上搁浅”。我真的很幸运，有萨拉班德的萨拉·亨特和克雷格·希尔斯利为出版提供了专业建议。

我非常感谢我的父母，他们一直鼓励我去冒险。我唯一的遗憾是，克里斯汀·史密斯不能看到我的书了。即使我犹豫不决，她也从未失去信心。最后，我必须向卡罗琳致敬，她与我分享了这么多冒险经历，正是她的关爱让船安稳地停靠在遥远的岛屿海岸。

参考文献

第一章　与世隔绝，时间之外：岛屿及想象

我特别感谢杰弗里·阿西娅的《西向岛屿》(1962年)，该书揭示了圣·布伦丹导航的重要性，以及人类早期对大西洋的探索。对于想象文学中的岛屿主题和《格列佛游记》中的岛屿故事，我遵循了曼古埃尔和盖德鲁皮的《想象中的地方词典》(1980年)以及J·S·鲍曼的《海岛之书》(1971年)。亨利·斯托梅尔的《失落的岛屿：从海图上消失的岛屿的故事》(1984年)对已发现、未发现、重新发现和消失的虚构岛屿进行了精彩的描述。D·S·约翰森的《大西洋的幽灵群岛》(1994年)让我知道了七个从未出现过的岛屿。

1. R·贝茨(1986年).《岛屿的魅力：西方的想象与对新空间的探索》.1986年世界岛屿大会上发表的论文.加拿大不列颠哥伦比亚省维多利亚大学.

H·C·布鲁克菲尔德(1990年).《通向岛屿之路》.W·贝尔，P·阿亚拉和P·海因主编，《小岛屿的可持续发展和环境发展》，人与生物圈系列，卷5.巴黎和英国康福斯：联合国教科文组织/帕台农神庙.

S·库克（1998 年 10 月 24 日）.《沧海一粟》.《卫报》，第 10-11 页.《小岛屿发展中国家》.（2013 年 8 月）. 联合国 -OHRLS.http://unohrlls.org/custom-content/uploads/2013/08/SIDS-Small-Islands-Bigger-Stakes.pdf

2. D·W·梅尼格（1979 年）.《凝视之眼：同一场景的十个版本》.D·梅尼格编著,《普通风景的解读》，第 33—48 页. 纽约：牛津大学出版社.

3. R·沙利文，R·梅森和 C·佩恩（2014 年）.《北布罗瑟顿岛：纽约市最后一个未知的地方》. 纽约：福特汉姆大学出版社.

4. 罗卡尔岛：

J·费舍尔（1956 年，第 12 页）.《罗卡尔岛》. 伦敦：杰弗里·布莱斯出版社.

J·A·麦金塔什（1946 年）.《罗卡尔岛》. 英国奥本：休·麦克唐纳出版社.

圣基尔达：

L·托马斯（1983 年，第 131 页）.《岛屿世界》. 伦敦：迈克尔约瑟夫 / 雨鸟出版社.

北罗恩岛：

F·弗雷泽·达林（1952 年，第 144 页）.《岛年》. 伦敦：G·贝尔出版社（读者联盟版）.

希恩特群岛：

A·尼科尔森（2002 年，第 141 页）.《海房》. 伦敦：哈珀柯林斯出版社.

5. 特里斯坦 - 达库尼亚：

P·蒙克（1971 年，第 2、6 页）.《乌托邦危机》;《特里斯坦－达库尼亚的磨难》. 纽约：托马斯·Y·克伦威尔出版社.

纳姆：

W·S·埃利斯和 J·P·布莱尔（1986 年，第 825 页）."比基尼——一种迷失的生活方式". 国家地理，169 期，第 810-834 页.

复活节岛：

道格·波蒂厄斯，在讨论中.

布韦岛：

R·H·拉姆齐（1972 年，第 256 页）.《不再在地图上——发现从未出现过的地方》. 纽约：维京人出版社.

6. M·劳宗，L·劳宗，S·弗戈和 Y·阿达利安（1974 年）.《诗歌、风之歌和春分》. 卑诗省克莱门茨港：猫爪出版社.

7. L·杜雷尔（1960 年，第 15 页）.《对海洋金星的思考》. 纽约：达顿出版社.

8. D·康诺夫（1980 年，第 110-111 页）.《一个人的岛》. 安大略万锦：纸杰克出版社.

9. G·阿什（1962 年）.《土地向西》. 伦敦：柯林斯出版社.

W·H·巴布科克（1922 年）.《大西洋的传奇岛屿：中世纪地理研究》. 纽约：美国地理学会.

J·S·鲍曼（1971 年）.《岛屿之书》. 纽约：双日出版社.

L·S·德坎普（1970 年）.《失落的大陆：历史、科学和文学中的亚特兰蒂斯主题》. 纽约：多佛出版社.

A·曼格尔和 G·瓜达卢皮（1980 年）.《虚位词典》. 纽约：麦克米伦出版社.

R·帕尔默和R·库法里（1975年）.《虚位词典》.纽约：亨利·Z·沃尔克出版社.

10. 阿什（1962年）.

11. C·B·费尔斯通（1924年，第270页）.《幻觉海岸：旅行故事研究》.纽约：哈珀出版社.

12. D·S·约翰逊（1994年）.《大西洋的幻影群岛》.新不伦瑞克省弗雷德里克顿：鹅巷出版社.

13. J·曼德维尔爵士（1983年）.《约翰·曼德维尔爵士游记》.英国哈蒙兹沃思：企鹅出版社.

曼古埃尔 & 盖德鲁皮（1980年）.

14. F·拉伯雷（1944年）.《拉伯雷全集》.纽约：兰登书屋出版社.

15. 曼古埃尔 & 盖德鲁皮（1980年）.

16. 波曼（1971年）.

17. G·道斯（1968年）.《时间浅滩：夏威夷群岛的历史》.纽约：麦克米伦出版社.

T·W·希金森（1898年）.《大西洋魔法岛的故事》.纽约大颈：核心收藏出版社.

J·韦拉德（1975年）.《寻找失落的世界》.伦敦：潘出版社.

18. 阿什（1962年）.

巴布科克（1992年）.

希金森（1898年）.

约翰（1994年）.

S·E·莫里森（1971年）.《欧洲发现美洲：公元500-1600年的北航》.纽约：牛津大学出版社.

C·O·绍尔（1968 年）.《北雾》. 加州伯克利和洛杉矶：加州大学出版社.

B·威尔逊（1998 年）.《与浪共舞》. 都柏林：奥布莱恩出版社.

19. P·A·西奥查因（1962 年，第 55 页）.《阿兰——传说中的岛屿》. 都柏林：弗西查恩艾里安出版社.

20. 莫里森（1971 年）.

H·斯托梅尔（1984 年）.《失落的岛屿：从海图上消失的岛屿的故事》. 温哥华不列颠哥伦比亚省：不列颠哥伦比亚大学出版社.

T·J·韦斯特洛普（1912 年）. “巴西和北大西洋的传奇岛屿”.《皇家爱尔兰学院议事录》，第三系列，30，C 部分，第 223-260 页.

21. P·赛耶斯（1973 年，第 178 页）.《佩格：大布拉斯基特岛佩格塞耶斯的自传》. 都柏林：塔尔伯特出版社.

22. M·埃利亚德（1961 年，第 12、61 页）.《图像和符号》. 伦敦：哈维尔出版社.

23. 阿什（1962 年，第 49 页）.

24. 约翰逊（1994 年）.

P·坎普（1976 年）.《牛津船与海之友》. 伦敦：牛津大学出版社.

斯托梅尔（1984 年）.

25. F·弗莱明（1999 年，第 317 页）.《巴罗的孩子们》. 伦敦：格兰塔出版社.

26. D·布尔斯汀（1983 年）.《发现者》. 纽约：兰登书屋出版社.

道斯（1968 年）.

索尔（1968 年）.

斯托梅尔（1984 年）.

H·R·瓦格纳（1933 年）.《到美国西北海岸的虚假航行》. 马萨诸塞州伍斯特：古董学会出版社.

27. W·R·科里斯（1983 年）.《异常自然现象手册》. 纽约花园城：双日出版社.

28. 斯托梅尔（1984 年，第 34 页）.

29. D·伯克特（1998 年）.《天堂里的蛇》. 伦敦：皮卡多出版社.

30. 斯托梅尔（1984 年）.

31. K·马克思（2012 年 11 月 23 日）."未被发现的国家：地图删除从未存在的岛屿".《独立报》，第 33 页.

32. 斯托梅尔（1984 年，第 104 页）.

33. M·威金斯（1989 年，第 63 页）.《约翰·杜拉克》. 英国哈蒙兹沃思：企鹅出版社.

第二章　克鲁索：船难者、流放者以及海滩流浪者

本章的灵感来源于丹尼尔·笛福、米歇尔·图尼埃和汤姆·尼尔。我借鉴了詹姆斯·西蒙（1980 年，1998 年）对汤姆·尼尔在苏沃洛夫的描述。瓦尔特·得拉·梅尔的《沙漠群岛》和《鲁滨孙漂流记》（1930 年）一直陪伴在我左右。

1. J·利奇菲尔德（2007 年 2 月 5 日）."奴隶制及其遗产".《独立

报》，第 24–25 页 .

2. E・E・莱利（1988 年）.《绝望的旅程，被遗弃的灵魂》. 马萨诸塞州波士顿：霍顿米夫林出版公司 .

3. J・R・摩尔（1958 年，第 268 页）.《丹尼尔・笛福——现代世界的公民》. 芝加哥：芝加哥大学出版社 .

W・德拉马雷（1930 年）.《荒岛和鲁滨孙漂流记》. 伦敦：费伯出版社 .

P・B・戈夫（1961 年）.《散文和小说中的想象之旅》. 伦敦：荷兰出版社 .

S・罗伊尔（2014 年）.《岛屿：自然与文化》. 伦敦：瑞艾克出版社 .

H・斯瓦多斯（1961 年）.《鲁滨孙漂流记后记》. 纽约：新美国图书馆（图章经典版）.

4. D・笛福（1972 年版）.《鲁滨孙漂流记》. 伦敦：牛津大学出版社 .

5. E・M・福斯特（1962 年）.《小说方面》. 英国哈蒙兹沃思：企鹅出版社 .

6. 戈夫（1961 年）.

7. 德拉马雷（1930 年，第 19 页）.

8. J・F・鲍曼（1853 年，第 4–5 页）.《岛屿之家，或年轻的漂流者》. 伦敦：纳尔逊出版社 .

9. M・图尔尼（1969 年）.《星期五或太平洋上的灵簿狱》.（诺曼・丹尼翻译）. 纽约州花园城：道布迪尔出版社 .

10. J・C・西蒙斯（1998 年，第 16 页）.《在天堂漂流》. 兰哈姆：谢里登出版社 .

R・斯蒂尔（1713 年 12 月 3 日）. 亚历山大・塞尔柯克 .《英国人》，

第 16 页.

11. D·L·奥利弗（1962 年，第 108 页）.《太平洋群岛》. 剑桥：哈佛大学出版社.

12. H·莫德（1968 年）.《论海岛和人》. 墨尔本：大学出版社.

J·A·米切纳和 A·格洛夫代（1957 年）.《天堂里的流氓》. 纽约：兰登出版社.

L·奥斯本（1921 年）. "帝国之子".《狂野正义：南海故事》. 纽约：D·阿普尔顿出版社.

13. M·努南（1983 年）.《不一样的鼓手 E·J·班菲尔德的故事：敦克岛的海滩漫步者》. 澳大利亚圣卢西亚：昆士兰大学出版社.

14. F·斯特奇思（2012 年 1 月 26 日，第 43 页）"仍在享受万无一失成功的乐趣".《独立报》，第 43 页.

15. G·金士兰（1984 年，第 52 页）.《岛民：想成为鲁滨孙·克鲁索的人》. 伦敦：新英文图书馆.

16. T·尼尔（1966 年）.《一个人的岛》. 伦敦：柯林斯出版社.

17. J·德里德（1984 年 10 月）. "汤姆尼尔——苏瓦洛夫的隐士".《世界巡航》，第 147 页.

R·D·弗里斯比（1944 年）.《欲望岛》. 纽约花园城：道布迪尔出版社.

J·S·小洛克菲勒（1957 年）.《岛民》. 纽约：W·W·诺顿出版社.

J·C·西蒙斯（1980 年 11 月）. "苏瓦洛的隐士".《海洋》，第 3-6 页.

J·C·西蒙斯（1998 年）.《在天堂漂流》. 马里兰州兰哈姆：谢里登出版社.

18. 西蒙斯（1980 年，第 3 页）.

19. 西蒙斯（1980 年）.

20. H·斯托梅尔（1984 年，xv）.《失落的岛屿：航海图上消失的岛屿故事》. 温哥华：不列颠哥伦比亚大学出版社.

21. 西蒙斯（1980 年）.

22. 西蒙斯（1998 年，第 229 页）.

23. 德里德（1984 年）.

B·汤普森（1976 年 1 月）. “苏瓦洛环礁”.《太平洋船长》，第 31-35 页.

B·汤普森（1976 年 5 月）. “航行到苏瓦洛：寻找隐士”.《划船技巧》，第 24-28 页.

24. “一个属于自己的岛”，http://www.Riverbendnelligen.com/books.html.

25. 尼尔（1966 年，x）.

小洛克菲勒（1957 年，第 214 页）.

第三章　脆弱的地形

对于圣米歇尔山和“神秘岛”，约翰·利奇菲尔德在《独立报》上的报道给予我启发。关于脆弱环境和经济发展的相关问题，我要感谢史蒂芬·巴斯和巴里·德拉尔·克莱顿的《小岛屿国家和可持续发展》（1995 年）。麦克阿瑟和威尔逊的《经典岛屿生物地理学理论》（1967 年）帮助我理解小而偏远岛屿的生态系统的脆弱性。对于加拉帕戈斯群岛的生态、社会和经济问题，我特别感谢戈弗雷以及卢、瓦尔迪娃和沃尔福德的工作。查尔斯·麦克莱恩的《世界边缘之岛》（1972 年）描述了圣基尔达的社会、经济和文化进程，让我深有感悟。

1. W·萨默塞特·毛姆（1954 年）.《世界故事集，第 2 卷》. 伦敦：海涅曼（社会版再版）.

2. T·西姆金，L·西伯特，L·麦克莱兰，D·布里奇，C·纽霍尔和 J·H·拉特（1981 年）.《世界上的火山》. 宾夕法尼亚州斯特劳德斯堡：史密森学会 / 哈钦森·罗斯.

3. J·利希菲尔德（2010 年 8 月 14 日）. "不知从何而来的岛屿".《独立报》，第 30-31 页.

4. R·H·拉姆齐（1972 年）.《不再出现在地图上——发现从未出现过的地方》. 纽约：维京人出版社.

5. S·巴斯和 B·达拉·克莱顿（1995 年）.《小岛屿国家与可持续发展：战略问题和经验》. 伦敦：国际环境与发展研究所环境规划小组，环境规划问题第 8 期.

6. T·德拉蒙德（1997 年 9 月 1 日）. "在火山下面".《时代》，第 24-25 页.

P·希尔莫尔（1989 年 9 月 24 日）. "一个加勒比伊甸园捡起了碎片".《观察员》，第 11 页.

M·怀特（1997 年 8 月 25 日）. "对蒙特塞拉特的请求不予理睬".《卫报》，第 3 页.

7. D·布朗和 A·马哈茂德（1991 年 5 月 6 日）. "现在孟加拉国需要一波援助".《卫报》，第 7 页.

A·本科姆（2008 年 2 月 7 日）.“世界上最大的河流岛屿被洪水冲走”.《独立报》，第 37 页.

8. A·V·卡马尔卡和 R·S·布拉德利（2017 年）.“全球变暖 1.5 摄氏度和 2 摄氏度对邻近美国区域温度和降水变化的影响”.《公共科学图书馆一号》，第 2（1）条.

9. 巴斯等人（1995 年）.

L·卡梅尔（2014 年 7 月 1 日）.“被不断上升的气候变化浪潮所包围”.《卫报》.https://www.theguardian.com/environment/2014/jul/01/kiribati-climate-change-fiji-vanua-levu.

10. A·本科姆（2008 年 7 月 15 日）.“天堂里的麻烦”.《独立报》，第 24-25 页.

S·伯恩斯（2012 年 2 月 12 日）.“我们真的要抛弃下午的新朋友吗？”.《独立报》周日版，第 10-11 页.

G·莱恩（1990 年 12 月 16 日）.“消失的岛屿”.《观察员》，第 37 页.

11. S·卡尔奎斯特（1965 年）.《岛屿生活：世界岛屿的自然历史》.纽约花园城：自然历史出版社.

M·康克林（1985 年）.《时间上的岛屿》.卡姆登：东边出版社.

R·H·麦克阿瑟和 E·O·威尔逊（1967 年）.《岛屿生物地理学理论》.新泽西州普林斯顿：普林斯顿大学出版社.

D·M·帕沃（1980 年）.《加利福尼亚群岛》.加州圣巴巴拉：自然历史博物馆出版社.

12. S·罗伊尔（2014 年）.《岛屿：自然与文化》.伦敦：雷克蒂翁出版社.

13. M·拉布雷克，J·奥梅特和 E·克劳.《2016 年克利珀顿大迁徙探险》.www.diveclipperton.n2pix.com/pdf 和 http://www.diveclipperton.n2pix.com/pdf/clipperton-expedition-2016-report-explorer-club.pdf.

14. 拉布雷克等人（2016 年，第 25 页）.

15. E·H·布莱恩（1963 年）.《人类在岛屿生态系统中的位置》. 夏威夷：主教博物馆出版社.

J·戈尔森（1972 年）.《太平洋岛屿及其史前居民》.R·G·沃德（编）.《太平洋岛屿上的人类》，第 5—33 页. 牛津：克拉伦登出版社.

C·麦克莱恩（1972 年）.《世界边缘的岛屿：乌托邦的圣基尔达及其逝去》. 伦敦：汤姆·斯泰西出版社.

D·R·斯托达特（1987 年）.《关于地理及其历史》. 牛津：布莱克威尔出版社.

16. J·库斯托（1984 年，第 11 页）.《在边缘的岛屿上——保护夏洛特女王群岛》. 不列颠哥伦比亚省温哥华：岛屿保护协会 / 道格拉斯和麦金太尔.

17. G·梅伦（1998 年，第 7 页）. "加拉帕戈斯上空的人浪".《岛民》，第 5 章，第 2-9 页.

18. J·科尔克特（2010 年 9 月 3 日）. "马德拉的森林大火威胁着欧洲最稀有海鸟的未来".《独立报》，第 26 页.

19. K·丹（2010 年 9 月 26 日）. "装满毒品的老鼠在关岛上空空投以杀死蛇".《国家地理日报》. http://news.nationalgeographic.com/news/2010/09/100924-science-animals-guam-brown-tree-snakes-mouse-tylenol/.

H·辛格（1990 年 9 月 28 日）. "灭种围栏".《卫报》，第 35 页.

20. “阿森松岛：一个没有任何意义的岛屿”（2016 年 4 月 19 日）.《英国广播公司新闻杂志》.http://www.bbc.com/news/magazine-36076411.

21. W·德拉马尔（1930 年）.《荒岛和鲁滨孙漂流记》. 伦敦：费伯和费伯出版社 .

G·金斯兰（1984 年）.《岛民：想成为鲁滨孙漂流记的人》. 伦敦：新英语图书馆 .

E·E·莱斯利（1988 年）.《绝望的旅程，被遗弃的灵魂》. 马萨诸塞州波士顿：霍顿米夫林出版社 .

22. T·沃森（2016 年 4 月 19 日）. “80 只老鼠因病毒而变成 10 万只” .《国家地理》. http://news.nationalgeographic.com/2016/04/160419-rats-exploded-poison-henderson-island/.

23. S·亨特（2013 年 3 月 25 日）. “南乔治亚州是英国大规模扑杀驯鹿的领头羊” .《独立报》，第 25 页 .

N·莱德·威廉姆斯和 D·沃尔顿（1989 年 2 月 11 日）. “岛与猫” .《新科学家》，第 48-51 页 .

S·奥康纳（2015 年 6 月 25 日）. “在成功完成灭鼠计划后，珍稀鸟类返回遥远的南乔治亚岛” .《独立报》. http://www.independent.co.uk/environment/nature/rare-birds-return-to-remote-south-georgia-island-after-successful-rat-eradication-programme-10345864.html.

24. A·R·马丁内斯（2012 年）.《在伊甸园边缘作战》. 华盛顿特区：大西洋图书出版社（Kindle 版）.

25. C·麦克莱恩（1972 年）.《世界边缘的岛屿：乌托邦圣基尔达及其逝去》. 伦敦：汤姆·斯泰西出版社 .

26. D·库珀（1985 年，第 203 页）.《通往明古莱的路》. 伦敦：劳特 - 莱奇和凯根·保罗出版社.

27. P·斯特莱德（2008 年 4 月）. "圣基尔达：十九世纪新生儿破伤风悲剧".《爱丁堡皇家医学院学报》，38（1），第 70-77 页. https://www.ncbi.nlm.nih.gov/pubmed/19069042.

28. 圣基尔达——世界遗产提名文件. http://www.kilda.org.uk/kildanomdoc/topframe6.htm.

29. 麦克林（1972 年）.

30. 尼科尔森（2002 年，第 269 页）.

T·斯蒂尔（1975 年）.《圣基尔达的生死》. 伦敦：丰塔纳出版社.

31. I·F·安德森（1930 年 7 月，第 273 页）. "圣基尔达的撤离".《苏格兰人杂志》，第 265-273 页.

第四章　脆弱的经济学

多门和海因的《国家、微型国家和岛屿》（1985 年）对小岛屿经济体发展面临的挑战进行了严谨的梳理。我特别要感谢波莉·帕特洛在旅游业方面的工作。玛丽·纳扎尔提供了关于瑙鲁环境破坏的法律意见，她引导我找到了其他重要来源。与以往一样，凯西·马克斯和约翰·伊扎德的文章深思熟虑，内容丰富。珀尔·宾德尔的"海洋岛民的审判"描述了一场不公正、肆无忌惮的审判。

1. H·C·布鲁克菲尔德（1990 年）.《岛屿的方法》.《可持续发展与小岛屿环境发展》，人与生物圈系列，卷 5. 巴黎和英国康福斯：联合国教科文组织／帕台农神庙.

2. H·史密斯（1995 年 7 月 31 日）. “希腊呼吁疲倦的人和拜伦派拯救它的岛屿”.《卫报》，第 7 页.

H·史密斯（2008 年 10 月 17 日）. “希腊岛屿”.《卫报》，第 8 页.

3. D·洛文塔尔（1992 年）.《热带小岛：概述》.《热带小岛的政治经济学》，第 19-29 页. 英国埃克塞特：埃克塞特大学出版社.

4. E·C·多门和 P·L·海因（1985 年）.《货物和对外贸易服务：小岛屿经济体的主要活动》.《国家、小国家以及岛屿》，第 152-184 页. 伦敦：克鲁姆·海尔姆出版社.

威斯（1980 年）.《太平洋偏远岛屿在经济发展中的优势》.《太平洋和印度洋岛国：发展剖析》，第 3-20、87-118 页. 澳大利亚堪培拉：澳大利亚国立大学发展研究中心专著第 23 号.

5. J·帕斯卡尔（1997 年 11 月 1 日）. “岛屿充斥着不义之财”.《卫报》，第 21 页.

J·泰勒（2008 年 12 月 11 日）. “欧洲封建主义终于结束了”.《独立报》，第 14-15 页.

6. E·C·多门及 P·L·海因（1985 年）.

7. A·J·多尔曼（1985 年）.《失乐园？岛屿发展中国家的过去和未来》.E·C·多门和 P·L·海因的《国家、小国家以及岛屿》，第 40—69 页. 伦敦：克鲁姆·海尔姆出版社.

8. E·C·多门（1980 年，第 93 页）.《发展：岛国的一些显著特征》，8（12），第 931-943 页.

9. 世界银行（2012 年 12 月 12 日）.《世界发展指标数据库》. http://databank.worldbank.org/data/reports.aspx?source=world-development-indicators.

10. S·贝斯和 B·达拉尔·克莱顿（1995 年）.《小岛屿国家和可持续发展：战略问题和经验》. 伦敦：国际环境和发展中心环境规划组，第 8 条环境规划问题.

《地球峰会：小岛屿国家行动纲领》（巴巴多斯桥镇，1994 年 4 月 26 日至 5 月 6 日）. 纽约：联合国新闻部.

11. P·宾德（1977 年）.《金银岛、海洋岛民的审判》. 蒂普特里和伦敦：布朗德—布里格斯出版社.

12. "在斐济的拉比重新安置巴纳巴人"（2011 年 5 月至 6 月）.《布拉公报》. http://www.methodist.org.uk/downloads//wcr-julia-edwards-may-june2011.pdf.

宾德（1977 年）.

T·L·J·费尔伯恩（1985 年）.《岛屿经济学：关于南太平洋研究》. 斐济苏瓦：南太平洋大学太平洋研究所.

13. J·高迪和 C·N·麦克丹尼尔（2000 年）.《出售的天堂》.《自然寓言故事》. 加利福尼亚州奥克兰：加利福尼亚大学出版社.

M·纳扎尔（2005 年 4 月）. "瑙鲁、环境破坏和国际法".《法律和发展》. http://www.lawanddevelopment.org/docs/nauru.pdf.

14. 高迪等人（2000 年，第 3 页）.

C·韦拉曼特里（1992 年）.《国际托管下的损失》. 墨尔本维多利亚州：牛津大学出版社.

15. 纳扎尔（2005 年）.

16. J·埃扎德（1993年6月19-20日，第25页）."展望：大海中的一滴水".《卫报》，第25页.

17. K·马克思（2004年4月18日）."瑙鲁岛破产，天空乌云密布".《独立报》. http://www.independent.co.uk/news/world/australasia/clouds-over-paradise-as-island-of-nauru-sinks-into-bankruptcy-560425.html.

K·马克思（2008年2月21日）."南太平洋悲剧".《独立报》，第24-25页.

18. "瑙鲁管辖权聚焦".《斯特雷伯周刊》. https://www.streber.st/2016/04/jurisdiction-spotlight-nauru/.

19. 高迪等人（2000年）.

纳扎尔（2005年）.

威拉曼特里（1992年）.

20. 多曼和海因（1985年），P·帕洛图（1996年）.《最后手段：加勒比地区的旅游代价》.伦敦：卡塞尔出版社.

21. P·帕洛图（1996年，第16页）."天堂的麻烦".《岛民》，(2)，第16-17页.

22. 洛文塔尔（1992年）.

23. R·W·巴特勒（1986年）."旅游区生命周期的概念，对资源管理的影响".《加拿大地理人》，24(1)，第5-12页.

24. S·弗力（2010年5月31日）."英国在加勒比地区面临叛乱".《独立报》，第6-7页.

B·马洛（2013年4月14日）."奥斯本打击开曼群岛".《时代商业》，第1-2页.

25. M·霍奇森（2002年6月11日，第7页）."天堂中的麻烦”.《卫报》，第6-7页.

26. H·阿尔瓦雷斯（2015年10月12日）.“人口正在消失的岛屿”.《英国广播公司新闻》. http://www.bbc.co.uk/news/magazine-34487450.

27. M·弗莱彻（2014年11月22日）.“池塘入口：因纽特人的新生存斗争”.《电讯报》. http://www.telegraph.co.uk/news/earth/11240949/Pond-Inlet-the-Inuits-new-struggle-for-survival.html.

28. 弗莱彻（2014年）

R·麦基（2016年8月21日）.“随着‘灭绝旅游’降临北极，因纽特人担忧他们会不知所措”.《卫报》. https://www.theguardian.com/world/2016/aug/20/inuit-arctic-ecosystem-extinction-tourism-crystal-serenity.

“任务完成：水晶宁静号完成了为期32天的西北航道之旅”（2016年9月16日）.《美国商业资讯》，http://www.businesswire.com/news/home/20160916005705/en/Mission-Accomplished-Crystal-Serenity-Completes-32-Day-Northwest.

29. 马克（2008年，第5页）.

第五章　政治依附及动荡

这一章节，我发现多门和海因（1985年）的作品集非常有帮助。西蒙·温彻斯特的《前哨》（1985年）启发了我探索大英帝国的岛屿。

1. T・富特（1986年）．“如何让二十世纪基本上处于困境”．《史密森学会》，17（2），第93-105页．

D・麦考密克（1974年）．《英格兰和威尔士群岛》．英国：奥斯普瑞出版社．

C・麦克莱恩（1972年）．《世界边缘的岛屿：乌托邦圣基尔达及其逝去》．伦敦：汤姆・斯泰西出版社．

J・沙兰斯基（2012年）．《偏远岛屿袖珍地图册：我从未涉足、也永远不会涉足的五十个岛屿》．伦敦：企鹅图书出版社．

2. D・霍登（2005年8月9日）．“在世界的边缘”．《独立报》，第12-13页．

J・A・米切纳和A・格罗夫・戴（1957年）．《天堂里的流氓》．纽约：勒索之家出版社．

J・D・波蒂厄斯（1981年）．《复活节岛的现代化》．维多利亚：维多利亚大学地理系，西方地理系列第19卷．

R・A・罗杰斯（1926年）．《孤岛》．伦敦：乔治・艾伦和安文出版社．

3. T・卢米斯（2000年）．《伊甸园中的生与死》．《皮特凯恩岛和赏金叛变者》．伦敦：凤凰城出版社．

4. J・泰勒（2008年12月12日）．“萨克感到巴克莱兄弟的愤怒”．《独立报》，第5页．

5. K・马克（2011年9月22日）．“希望回归热带天堂的苏格兰氏族”．《独立报》，第34-35页．

6. F・杜梦（1985年，第102页）．《热带小岛的生存能力》．《州、超小国家和岛屿》，第 70-118 页 . 伦敦：克罗姆·赫尔姆出版社 .

7. J·麦克罗伊（1998 年）."依赖的倾向".《岛民》，第 5 章，第 33 页 .

8. S·温彻斯特（1985 年）.《前哨》. 伦敦：霍德和斯托顿出版社 .

9. F·F·阿梅斯托（2012 年 3 月 31 日，第 39 页）."三十年过去了，英国人仍然无法承认马尔维纳斯群岛的真相".《独立报》，第 39 页 .

T·鲍登（2012 年 3 月 16 日）."石油：阿根廷威胁要起诉马尔维纳斯群岛的钻井公司".《独立报》，第 58 页 .

10. G·利文斯通（2012 年 1 月 22 日，第 38 页）."我们是世界上最幸运的工人阶级".《独立报》，第 38 页 .

A·布朗（2002 年 3 月 17 日）."哦！多么可爱的战争啊".《观察家》，第 20-27 页 .

11. S·温彻斯特（1985 年，第 308 页）.

12. A·汤姆森（1997 年 4 月 23 日至 29 日）."圣赫勒拿正在流亡中酝酿".《每周电讯报》，第 17 页 .

13. N·方丹（1999 年 10 月 23 日）."迷失在太空中".《卫报》，第 6 页 .

14. "斐济四次政变的背景"（2006 年 12 月 8 日）.《英国广播公司新闻》. http://news.bbc.co.uk/1/hi/world/asia-pacific/6209486.stm.

O·赖特（2013 年 9 月 28 日）."旅游业是马尔代夫的命脉，在选举中面临被关闭的威胁".《独立报》，第 25 页 .

15. F·博宾（2012 年 3 月 2 日）."印度缓和了马尔代夫的紧张局势".《卫报》，第 12 页 .

第六章 地理位置的绝对优势

感谢凯文·克罗斯利·荷兰（1972年）对废弃军事化景观的生动描述，感谢杰里·曼德尔（1992年）和艾丽斯和布莱尔（1986年）对美国在太平洋岛屿进行核试验的批判性描述。西蒙·温彻斯特笔下的不列颠帝国的“前哨基地”（1985年）再次被证明具有深刻洞察力，我也借鉴了他对太平洋“反乌托邦”的生动描述。约翰·皮尔格（2006年）和他的电影《偷国家》（2004年），提供了英国政府对查戈斯群岛清理的消息。

1. R·斯图默（1998年8月15日）.“他们曾经是战士”.《卫报周末》，第28-31页.

2. J·金特曼（2009年8月23日，第20页）.“非洲鱼战中的贫民区湖”.《苏格兰星期日》，第20页.

D·豪登（2009年3月23日，第22页）.“小岛上的大麻烦”.《独立报》，第22-23页.

3. F·R·古德曼，J·哈格里夫斯，N·马修斯和B·J·N·史密斯（1978年）.“英国在合恩角的皮艇探险”.《官方考察报告》.私人出版物.

4.“南极基地是如何从木屋变成科幻风格的”（2017年1月13日）.《英国广播公司新闻》.http://www.bbc.co.uk/ news/

magazine-38574003 Why do so many nations want a piece of Antarctica? (2014, June 20). BBC News Magazine.

“为什么这么多国家想要南极洲的一部分?”(2014年6月20日).《英国广播公司新闻》.http://www.bbc.co.uk/ news/ magazine-27910375.

5. 帕特斯(1981年).

6. P·芒克(1971年).《乌托邦危机:特里斯坦-达库尼亚的苦难》.纽约:托马斯·克伦威尔出版社.

S·温彻斯特(1985年).《前哨》.伦敦:霍德和斯托顿出版社.

7. D·L·奥利弗(1962年,第382页).《太平洋岛屿》.马萨诸塞州:哈佛大学出版社.

8. F·克劳斯(1990年).《太热而无法处理:冷聚变的竞赛》.伦敦:W·H·艾伦出版社.

9. C·津恩(1995年10月12日).“致命的兔子病毒从实验室逃逸”.《卫报》,第15页.

10. 克罗斯利·荷兰(1972年,第32—33页).

11. 克罗斯利·荷兰(1972年,第170页).

12. S·卡莱尔(1993年10月15日).“当导弹基地面临威胁时,岛屿的恐惧”.《苏格兰人》,第1页.

“通往岛屿的道路灾难”(社论)(1993年10月15日).《苏格兰人》,第14页.

13. N·贝克(2008年).《人类烟雾:第二次世界大战的开始和文明的终结》.伦敦:西蒙和舒斯特出版社.

14. J·曼德尔(1992年,第346页).《在没有圣物的情况下》.旧金山：塞拉俱出版社.

15. W·普莱斯（1966年，第66页）.《美国的失乐园》. 纽约：J·戴出版社.

W·S·埃利斯和J·P·布莱尔（1986年）. “比基尼——一种失去的生活方式”.《国家地理》，第169页，第810-834页.

16. 埃利斯和布莱尔（1986年，第825、828页）.

17. M·麦金托什（1987年）.《武器穿越太平洋》. 伦敦：弗朗西斯·品特出版社.

18. J·查默斯（1995年7月28日，第9页）. “核灾难中的失乐园”.《卫报》，第9页.

19. A·杜瓦尔·史密斯（1995年9月8日，第2页）. “南太平洋的沉降物”.《卫报》，第2页.

20. K·森古普塔（2009年6月6日，第26页）. “核老兵赢得赔偿案”.《独立报》，第26页.

21. M·麦卡锡（2010年2月10日，第18页）. “人类对抗陆战队”.《独立报》，第18-19页.

22. M·柯蒂斯（2004年，第4页）.《窃取一个国家》. 根据独立电视台2004年10月转发的“约翰·皮尔格的特别报道”. 英国科尔切斯特：独立电视台.

23. S·温彻斯特（1985年，第39和37页）.

24. J·皮尔格（2006年5月29日）. “走出伊甸园”.《卫报》，第6-11页.

25. 英国议会研究简报. http://www.researchbriefings.files.parliament.uk/documents.SN004463.pdf.

N·特威迪（2006 年 5 月 12 日）. “查戈斯群岛的流亡者赢得了回家的权力，英国为此感到羞耻”.《电讯报》.http://www.telegraph.co.uk/news/uknews/4200066/Britain-shamed-as-exiles-of-the Chagos-Islands-win-the-right-to-go-home.html.

26. 温彻斯特（1985 年，第 38 页）.

27. C·卡尔佐内蒂（2012 年 7 月 23 日）. 外交关系理事会 . 关于国际商会的常见问题 . http://www.cfr.org/courts-and-tribunals/frequently-asked-questions-international-criminal-court/p8981.

28. 皮尔格（2006 年，第 9 页）.

29. M·麦卡锡（2010 年 4 月 2 日）. “保存：英国的‘大堡礁’”.《独立报》，第 2-3 页 .

30. O·鲍科特（2016 年 11 月 17 日）. “毛里求斯威胁将查戈斯群岛划界案提交联合国”.《卫报》. https://www.theguardian.com/world/2016/nov/17/mauritius-threatens-to-take-chagos-islands-row-to-un-court.

31. “英皇政府提出了覆盖查戈斯群岛的海洋保护区提案”（2009 年）.《维基解密》. http://www.telegraph.co.uk/news/wikileaks-files/london-wikileaks/8305246/HMG-FLOATS-PROPOSAL-FOR-MARINE-RESERVE-COVERING-THE-CHAGOS-ARCHIPELAGO-BRITISH- INDIAN-OCEAN-TERRITORY.html.

第七章 天堂与炼狱

和第六章一样，我发现西蒙·温彻斯特（1985年；1990年）的著作对我非常有用。本特·丹尼尔松的《快乐的土地》（1952年）让人们看到了岛民的“天堂”，而加万·道斯（1980年）则将梅尔维尔、斯蒂文森和高更看作寻找外在世界的局外人。来自什特安群岛的亚当·尼科尔森（2002年）非常擅长描述天堂与地狱的紧密联系。

1. S·E·莫里森（1971年，第4页）.《欧洲发现美洲：公元500-1600年的北方航行》. 纽约：牛津大学出版社.

2. R·M·洛克利（1957年，第19页）.《赞美岛屿》. 伦敦：弗雷德里克·穆勒出版社.

G·阿什（1962年）.《向西降落》. 伦敦：柯林斯出版社.

J·韦拉德（1975年）.《寻找失落的世界》. 伦敦：潘出版社.

3. T·W·希金森（1898年，第92页）.《大西洋迷人岛屿的故事》. 纽约大颈：核心系列.

4. Y-F·段（1974年，第118页）.《恋地情结：对环境感知、态度和价值观的研究》. 新泽西州：普伦蒂斯.

5. R·帕尔默和R·库法里（1975年）.《虚构的地方的字典》. 纽约：亨利·Z·沃尔克出版社.

6. W·H·巴布科克（1922年）.《大西洋传奇岛屿：中世纪地理

学研究》. 纽约：美国地理学会.

S·E·莫里森（1971 年）.《欧洲发现美洲：公元 500-1600 年的北方航行》. 纽约：牛津大学出版社.

C·O·索尔（1968 年）.《北方的薄雾》. 伯克利和洛杉矶：加利福尼亚大学出版社.

7. G·道斯（1980 年，第 4 页）.《岛屿之梦》.《南海自我发现之旅》. 纽约和伦敦：诺顿.

8. 道斯（1980 年，第 225 页）.

卢米斯（2000 年）.

9. 道斯（1980 年，第 212 页）.

10. D·马尔（1992 年，第 381 页）.《帕特里克·怀特的生活》. 伦敦：复古出版社.

E·布朗（2005 年）. 弗雷泽和伊丽莎·安妮（1798-1858 年）.《澳大利亚传记词典》. 澳大利亚国立大学国家传记中心 .http://adb.anu.edu.au/ biography/fraser-eliza-anne-12929.

11. F·布伦（1944 年，第 189 页）.《卡察洛号的巡航：在抹香鲸之后环游世界》. 英国哈蒙兹沃思：企鹅出版社.

12. T·海尔达尔（1963 年，第 196-197 页）.《康提基探险队》. 英国哈蒙兹沃思：企鹅出版社.

13. B·丹尼尔森（1952 年，第 9-10 页）.《快乐岛》. 伦敦：乔治·艾伦和安文出版社.

14. D·劳森（2007 年 7 月 6 日）. “从五旬节岛到现代英国”.《独立报》，第 33 页.

15. A·尼科尔森（2002 年，第 162 页）《海上房间》. 伦敦：哈珀·柯林斯出版社.

16. S·约翰逊和J·博斯韦尔（1924年版，第59页）.《穿越西部岛屿的旅程》,《赫布里底群岛旅游的日记》.R·W·查普曼（编）.伦敦：牛津大学出版社.

17. R·弗劳尔（1945年，第36页）.《西部岛屿或大布拉斯克特岛》.纽约：牛津大学出版社.

18. D·拉维尔（1976年）.《斯凯利格：欧洲的岛屿前哨》.都柏林：奥布莱恩出版社.

D·麦考密克（1974年）.《爱尔兰群岛》.英国：鱼鹰出版社.

D·麦考密克（1974年）.《苏格兰群岛》.英国：奥斯普瑞出版社.

B·摩尔（1972年）.《天主教徒》多伦多：麦克莱兰和斯图尔特.

19. G·菲舍（1982年）.《自由之梦：贝拉·库拉、斯科特角、索恩图拉》.不列颠哥伦比亚省维多利亚：不列颠哥伦比亚省档案馆.

J·霍金斯（1978年）.《世界的发明》.加拿大斯卡伯勒：加拿大新美国图书馆（图章版）.

H·E·威尔逊（1967年）.《加拿大的假先知：臭名昭著的十二兄弟》.里士满山：西蒙和舒斯特出版社.

G·伍德考克（1960年）.《精神摔跤手：对杜克波人的描述》.纽约：子午线.

20. S·古比（1985年，第55页）."因此".《在帝国边缘另一个悲伤的日子》，第52-74页.兰茨维尔：乌利坎.

21. J·拉班（1999年，第338-339页）.《朱诺之旅》.纽约：众神出版社.

L·肯尼迪（1991年）.《不列颠哥伦比亚省的沿海村庄》.马德拉公

园：海港出版物.

22. P·W·波特F·E·卢克曼（1976年）.《乌托邦的地理》.D·洛文塔尔和M·J·鲍登（编辑），《思想的地理》.《历史地理学》，第197-223页.纽约：牛津大学出版社.

23. E·森普尔（1911年）.《地理环境的影响》.纽约：亨利霍尔特出版社.

24. E·E·莱斯利（1988年）.《绝望的旅程，被遗弃的灵魂》.马萨诸塞州波士顿：霍顿米夫林出版社.

R·H·拉姆齐（1972年）.《不再出现在地图上——发现从未出现过的地方》.纽约：维京出版社.

25. J·沙兰斯基（2012年）.《偏远岛屿袖珍地图册：我从未涉足、也永远不会涉足的五十个岛屿》.伦敦：企鹅图书.

G·H·班宁（1925年）.《在墨西哥水域》.伦敦：霍普金森先生.

26. S·温彻斯特（1985年，第116页）.《前哨》.伦敦：霍德和斯托顿出版社.

27. S·温彻斯特（1992年，第182、187页）.《太平洋》.伦敦：阿罗/随机世纪出版社.

28. J·穆尔（1917年，第36-37页）.《科温号游轮：1881年北极探险，寻找德隆和珍妮特日记》.波士顿和纽约：霍顿·米夫林出版社.

B·马森（1986年）."留申人：暗流，暗地，有韧性的人".《海洋》，第19（1），第34-43、71页.

29. "同类鸟"（2010年9月14日，第31页）.《独立报》，第30-31页.

30. 沙兰斯基（2012年，第21页）.

31. J·C·西蒙斯（1998年，第36页）.《被遗弃在天堂》.兰厄姆：

谢里登之家出版社.

32. L·布鲁克斯（1999年1月16日）."希望温暖着严酷的天堂边缘".《卫报》，第17页.

T·康威尔（1993年6月13日）."该死的岛".《观察家》，第41-43页.

33. J·利希菲尔德（2012年11月16日）."欧洲最凶残的地方".《独立报》，第37页.

J·利希菲尔德（2013年6月29日）."最后的科西嘉岛之旅——那里安全吗？".《独立报》，第30页.

34. I·G·巴伯（1977年）.《技术、环境和人类价值观》.纽约：普拉格出版社.

C·沃尔什（1966年）.《从乌托邦到噩梦》.纽约：哈珀和罗出版社.

35. M·布鲁克（2012年）."克利珀顿岛的暴君". http://www.damninteresting.com/the-tyrant-clipperton- island/.

J·利希菲尔德（2007年2月5日）."奴隶制及其遗产".《独立报》，第24-25页.

36. W·戈尔丁（1956年）.《品彻·马丁》.伦敦：费伯和费伯出版社.

37. A·萨克斯和I·奈杜（1982年，第225页）.《锁链中的岛屿》.英国：企鹅出版社.

S·A·德维利埃（1971年）.《罗本岛——与世隔绝，心灵港湾》.开普敦：斯特罗伊克出版社.

38. R·休斯（1987年，第457页）.《致命的海岸》.伦敦：潘出版社.

39. 休斯（1987年）.

40. 塞驰和奈多（1982年）.

41. M·鲍林（1989年，第145、178页）.《看来是一位女士》.多伦多：兰登书屋出版社.

W·S·布里斯托（1969年）.《一本关于岛屿的书》.伦敦：G·贝尔出版社.

42. W·S·布里斯托（1969年）.《一本关于岛屿的书》.伦敦：G·贝尔出版社.

43. E·塞姆普尔（1911年）.《地理环境的影响》.纽约：亨利·霍尔特出版社.

44. 休斯（1987年，第484页）.

45. R·黑克尔（2002年，第317页）.《意大利领航员》.英国圣艾夫斯：伊米和劳丽·诺利·威尔逊出版社.

46. H·史密斯（2008年10月17日，第8页）."希腊群岛".《卫报》，第8页.

47. J·梅里特（1989年9月10日，第7页）."欧洲的罪恶秘密".《观察家》，第1、7页.

48. "赤裸与该死".（1989年9月10日，第17页）.《观察家》，第17页.

V·希斯洛普（2006年）.《这个岛》.伦敦：评论/霍德尔标题出版社.

49. S·朗斯代尔（1992年）."戴着镣铐的孩子们在该死的岛上".《观察家》，11月8日，第13页.

第八章　岛屿精神特质

约翰·福尔斯（1978 年，1981 年）和亚当·尼科尔森（2002 年）对岛屿特性的见解独特，我颇受这些观点的启发。我非常感谢特雷弗·拉米斯（2000 年）对皮特凯恩岛的描述，以及迪亚·伯基特（1998 年）对岛上生活的深刻描述。萨默塞特·毛姆的《德国人哈里》和 D·H·劳伦斯的《爱岛之人》，启发了我对岛屿的探索。

1. H·E·贝茨（1972 年）.“成熟的世界”.《自传，第 3 卷》. 伦敦：迈克尔约瑟夫出版社.

2. P·特鲁克思（1992 年）.《快乐的大洋洲》. 伦敦：企鹅出版社.

3. A·尼科尔森（2002 年，第 13、141 页）.《海房》. 伦敦：哈珀柯林斯出版社.

4. 尼科尔森（2002 年，第 141 页）.

5. D·康诺微（1980 年，第 135 页）.《一个人的岛》. 安大略马克汉姆：纸杰克.

6. K·哈桑（1977 年，第 104 页）.《流浪者》. 伦敦：皮卡多出版社.

7. D·萨莫斯（1994 年，第 159 页）.“石船”.《月亮升起时》，第 155-168 页. 伦敦：威克斯接力棒出版社.

8. J·佛尔斯和 F·戈登文（1978 年，第 11-12、78 页）.《岛屿》. 伦敦：乔纳森凯普出版社.

9. J·佛尔斯（1981 年，第 8 页）.《介绍》.G·E·爱德华,《埃比尼泽·勒·佩奇之书》. 纽约：阿尔弗雷德·A·克诺夫出版社.

10. A·弗雷特（2004 年）.《来自热带的故事》. 伦敦：皮卡多出版社.

11. D·伽特森（1996 年，第 385-386 页）.《雪落香杉树》. 伦敦：布卢姆斯伯里出版社.

12. D·伯克特（1998 年，第 167-168 页）.《天堂之蛇》. 伦敦：皮卡多出版社.

13. 康诺弗（1980 年）.

A·迈克尔（1984 年）.《新斯科舍省和新不伦瑞克省的近海岛屿》. 亨斯波特：兰斯洛特出版社.

14. 伯克特（1998 年，第 6 页）.

15. G·道斯（1980 年，第 16 页）.《海岛之梦》.《南海的自我发现之旅》 纽约和伦敦：诺顿出版社.

16. 伯克特（1998 年，第 228-229 页）.

17. T·卢米斯（2000 年，第 204 页）.《伊甸园中的生与死》.《皮特凯恩岛屿和赏金叛变者》. 伦敦：凤凰城出版社.

F·D·班尼特（1840 年）.《1833-1836 年捕鲸航行的叙述》. 伦敦：理查德·本特利出版社.

18.. T·卢米斯（2000 年，第 227 页）.

19. S·温彻斯特（1985 年）.《前哨》. 伦敦：霍德和斯托顿出版社.

20. 伯克特（1998 年，第 15 页）.

21. R·A·扬（1894 年）.《皮特凯恩岛屿和赏金叛变者，1790-1894 年》. 加利福尼亚州奥克兰：太平洋出版社. 第 252-253 页. 卢米斯

（2000年，第241页）.

22. 伯克特（1998年）.

23. 伯克特（1998年，第109页）.

24. M·努南（1983年，第148页）.《一个不同的鼓手E·J·班菲尔德：敦克岛的海滩漫步者》. 澳大利亚圣卢西亚：昆士兰大学出版社.

25. E·J·班菲尔德（1968年，第35页）.《海滩漫步者的自白》. 伦敦：安格斯和罗伯逊出版社.

26. B·张伯伦（1987年，第225页）. 英国布里金德：L·塞伦出版社.

27. T·帕克（1986年）.《灯塔》. 伦敦：伊兰出版社.

28. W·萨默塞特·毛姆（1954年）.《德国人哈里》.《世界之上故事集，第2卷》，第81-84页. 伦敦：海涅曼出版社（重印版）.

D·H·劳伦斯（1976年）.《爱岛之人》.《完整短篇小说，第3卷》，第722-746页. 英国哈蒙兹沃思：企鹅出版社.

29. W·萨默塞特·毛姆（1954年，第84页）.

30. E·伯吉尔（1972年）.《星期四岛的护士》. 阿德莱德：里格比出版社.

31. T·泽特兰（1975年）.《奥维康达坎古伦》. http://www.riverbendnelligen.com/ronbrand-tenglish.html.

32. 尼科尔森（2002年）.

33. 尼科尔森（2002年）.

34. G·延德尔（1991年）.《心灵的国家》.《地方对作家的意义》. 伦敦：霍加斯出版社.

后记

1. P·皮奇（2010 年 3 月 4 日）.“一个十二岁的女孩如何拯救她的智利小岛”.《独立报》，第 3 页 .

2. S·莫里斯（2010 年 5 月 10 日）.“英国水手从饥饿中拯救坎顿岛民”.《卫报》. https://wwwtheguardian.com/world/2010/may/10/british-yachtsman-kanton-island-resue.

3. H·史密斯（1998 年 8 月 1 日）.“渡口战争中流血”.《卫报》，第 24 页 .

4. D·伯克特（1998 年）.《天堂之蛇》. 伦敦：皮卡多出版社 .

1858 年在奥埃诺岛的海难 .“狂浪”号的残骸：约西亚·N·诺尔斯上尉的日记 . http://www.winthrop.dk/wildwave.html.

5. C·波菲和 E·康普斯顿（1997 年 10 月 5 日）.“野生动物夫妇拒绝退出加勒比岛”.《星期日电讯报》，第 19 页 .

6. S·安德森（2010 年 12 月 21 日）.“重新定位埋藏在鲁滨孙漂流记岛上的宝藏”.《商业出版》. https://www.theguardian.com/world/2005/sep/26/chile.

J·富兰克林（2005 年 9 月 26 日）.“在克鲁索岛上发现了六百桶战利品”.《工报》.https://wwwtheguardian.com>World>Chile.

7. A·德拉蒙德（1988 年 9 月 4 日）.“吉姆勋爵挑战堪培拉”.《观察者》，第 25 页 .

8. P·戴维森（2012 年 10 月 12 日）．“罗伊·贝茨少校”．“自称为西蓝岛的王子”．“讣告”．《独立报》. http://www.independent.co.uk/news/obituaries/major-roy-bates-the-self-proclaimed-prince-of-sealand-8207988.html.

9. T·卢米斯（2000 年）.《伊甸园中的生与死》.《皮特凯恩岛和赏金叛变者》. 伦敦：凤凰城出版社 .

10. D·麦考密克（1974 年）.《英格兰和威尔士群岛》. 英国雷丁：鱼鹰出版社 .

11. D·库伯（1985 年）.《明格莱之路》. 伦敦：劳特利奇和基根保罗出版社 .

12. L·托马斯（1983 年）.《岛屿世界》. 伦敦：迈克尔约瑟夫 / 雨鸟出版社 .

13. 关于这个谜团的说法有很多：只需在互联网搜索引擎中输入“莎拉乔的船员”即可 .

14. E·埃斯利（1988 年）.《绝望的旅程，被遗弃的灵魂》. 马萨诸塞州波士顿：霍顿米夫林出版社 .

15. N·科格兰（2011 年）.《火地的冬天》. 埃德蒙顿爱荷华州：阿尔伯塔大学出版社 .

H·奥肖内西和 R·苏尔（1988 年 7 月 24 日）．“皮诺切特流亡到克鲁索岛的路线”.《观察家》，第 24 页 .